Hermann Hildebrand, Hermann Hildebrand

Die Arbeiten für das liv-, est- und kurländische Urkundenbuch im

Jahre 1875 76

Hermann Hildebrand, Hermann Hildebrand

Die Arbeiten für das liv-, est- und kurländische Urkundenbuch im Jahre 1875 76

ISBN/EAN: 9783743453678

Hergestellt in Europa, USA, Kanada, Australien, Japan

Cover: Foto ©ninafisch / pixelio.de

Manufactured and distributed by brebook publishing software
(www.brebook.com)

Hermann Hildebrand, Hermann Hildebrand

Die Arbeiten für das liv-, est- und kurländische Urkundenbuch im Jahre 1875 76

DIE ARBEITEN FÜR DAS LIV-, EST- UND KURLÄNDISCHE URKUNDENBUCH IM JAHRE 1875/76

Hermann Hildebrand

Die Arbeiten

für das

liv-, est- und kurländische Urkundenbuch

im Jahre 1875/76.

Von

Hildebrand.

Riga.

Gedruckt in der Müllerschen Buchdruckerei (Herderplatz Nr. 2).

1877.

Von der Censur erlaubt.   Riga, den 4. October 1877.

Inhalts-Uebersicht.

II. Kgl. Bibliothek zu Stockholm:
   Liber Census Daniae, Neuere Extra von
   Nowgorod, Codices von Wabstena, Registrum
   ecclesiae Aboensis, herrmeisterliche Copial- und
   Conceptbücher aus dem 16. Jahrh.
III. Nationalmuseum zu Stockholm.
IV. V. Kammerarchiv und Stabtarchiv zu Stockholm.
VI. Universitätsbibliothek zu Upsala.
VII. Bibliothek von Skokloster.
VIII. Bondesches Archiv zu Erilsberg.
IX. Geheimarchiv zu Kopenhagen:
   1) Große und Kleine Sammlung Livland.
   2) Sammlungen Rußland, Polen, Brandenburg,
      Preußen u. s. w.
   3) Abschriftensammlungen.
   4) Die elf bischöflich-öselschen Registranten, namentlich Nr. 1 und 20°
X. Universitätsbibliothek zu Kopenhagen.
XI. Große Königl. Bibliothek zu Kopenhagen:
   1) Curländisches Copialbuch aus dem 16. Jahrh.
   2) Die rigischen Aufzeichnungen des Joh. Schmiedt
      von 1559—1562.

Nach Verfluß eines ganzen, in Archiven und Bibliotheken bei einigermaßen erfolgreicher Arbeit verbrachten Jahres über letztere in gedrängter Form zu berichten, ist mir immer als ein beinah fruchtloses Bemühen erschienen. Und gerade diesesmal, wo ich mich rühmen könnte

manchen schönen Platz

Und manchen alt vergrabnen Schatz

kennen gelernt zu haben, fällt es doppelt schwer. Bei der Fülle des Gesehenen und Erworbenen werde ich mich mehr als früher darauf zu beschränken haben, den Rahmen anzudeuten, in welchem sich die Untersuchungen bewegten, und nur hier und da besonders hervortretende Einzelheiten in denselben einzufügen. Ein wahrhaft anschauliches Bild von dem für die Erkenntniß unserer Vergangenheit Neugewonnenen herzustellen, darauf muß ich von vornherein Verzicht leisten.

Mit der Bedeutung des Schwedischen Reichsarchivs für livländische Geschichte ist seit anderthalb Decennien bei uns Jedermann vertraut. Von den Berührungen und der Verbindung beider Länder in der Vergangenheit legt eine Reihe von Verträgen namentlich aus dem 15. Jahrhundert, eine reichhaltige Correspondenz aus der Zeit Gustav I. und ein ge-

1

thürmtes Material aus der Erich XIV. und seiner
Nachfolger Zeugniß ab. Seinen Werth für die Periode
livländischer Selbständigkeit verdankt das Archiv aber
bekanntlich einem einzelnen Zufall: der nach dem Fall
des Mitauschen Schlosses im Jahre 1621 durch die
Schweden vollführten Wegnahme der alten herrmeister-
lichen Urkundenvorräthe, die seit der Aufhebung des
Ordensstaats hier geborgen waren. Noch im 17. Jahrhundert hat Thomas Hiärn aus denselben seine unzuverlässigen Collectaneen zusammengetragen; dann
schien auf lange Zeit unserer Geschichtsforschung das
Bewußtsein, welche Schätze es für sie jenseits der Ostsee
zu heben gäbe, gänzlich abhanden gekommen zu sein.
Endlich ward im 3. Bande des livländischen Urkundenbuchs
ein Anfang gemacht, indem die in Stockholm vorhandenen Pergamente bis 1400 herab in demselben Aufnahme fanden. Das Verdienst, das alte Ordensarchiv
in weitem Umfang erschlossen und uns seine Bedeutung
gelehrt zu haben, gebührt aber erst Schirren. Nach
einer im Jahre 1860 unternommenen Reise hat er in
seinem „Verzeichniß livländischer Geschichts-Quellen in
schwedischen Archiven und Bibliotheken" Einsicht in
ein wahrhaft großartiges historisches Material bis ins
Detail hinein gewährt und gleichzeitig in den „Quellen
zur Geschichte des Untergangs livländischer Selbständigkeit" mit der vollständigen Veröffentlichung eines
Theils desselben begonnen. Ueber die Ergebnisse seiner
später noch mehrmals wiederholten Reisen hat er leider
keine weitere Kunde gegeben, und nur den Nachträgen
in den „Quellen" entnehmen wir, daß der Vorrath

keineswegs auf einmal zu erschöpfen gewesen war.
Auf sein Verzeichniß wurde bei den von mir ange=
stellten Nachforschungen selbstverständlich stäte Rücksicht
genommen und auch in der folgenden Uebersicht über
die Resultate derselben werde ich, um Bekanntes nicht
nochmals vorzuführen, mich in vielen Fällen mit einem
Hinweis auf jenes begnügen. Als Führer auf den
troß einer gründlichen, jedoch nicht völlig beendeten
Neuordnung noch vielfach verschlungenen Pfaden der
Abtheilung Livonica im Reichsarchiv konnte mir dasselbe
freilich nicht dienen, da Schirren, wol in Folge des
damals noch ziemlich chaotischen Zustandes derselben,
alle Angaben über Anordnung und Eintheilung der
Acten unterlassen hat. Und wahrscheinlich aus dem=
selben Grunde vermissen wir bei den einzelnen von
ihm aufgeführten Sachen die genauere Bezeichnung des
Aufbewahrungsorts. Da nun auch bei der jeßigen
Eintheilung die Grenzen der verschiedenen Convolute
vielfach in einander überspringen, ist das Aufsuchen
bei ihm genannter und sicher vorhandener Nummern
doch häufig schwierig, ja in mehreren Fällen vorläufig
noch gar nicht gelungen.

Die Pergamenturkunden des Ordensarchivs bilden
jetzt eine besondere, bequem zu überschauende Abthei=
lung. Von den 17 Cartons derselben enthalten die
13 ersten in chronologischer Folge Stücke vom Jahre
1200—1600, der 14. päpstliche Bullen, der 15. dä=
nische, Estland betreffende Urkunden, der 16. livländisch=
russische Verträge, und der letzte nochmals dänisch=
estländische Sachen.

1*

In dem Bestande ist in neuerer Zeit dadurch eine
Veränderung eingetreten, daß 27 Stücke durch Tausch
in den Besitz des Majoratsarchivs zu Kuckers in Est=
land übergegangen sind. Darunter befinden sich 23
bei Schirren namhaft gemachte, nämlich die NNr. 105
bis 107, 117—120, 122, 127, 131, 132, 149, 156,
158, 163, 164, 168, 174, 181, 183, 190, 204 und
205, ferner 4 ihm nicht bekannte livländische Privat=
urkunden aus den Jahren 1489, 1542, 1545 und 1555.

Diese Abtheilung ist jetzt vollständig ausgebeutet
worden, indem sämmtliche im Urkunden=Buche ver=
öffentlichten Stücke collationirt und von den übrigen,
je nach ihrer Wichtigkeit, Abschriften, Auszüge oder
Regesten angefertigt wurden. Der Werth jener Land=
tagsrecesse, Verträge der Landesherren unter einander
und mit fremden Mächten, der kaiserlichen und päpst=
lichen Erlasse u. s. w. tritt uns bei dem flüchtigsten
Blick auf das Schirren'sche Verzeichniß entgegen. Hat
sich hier auch nur ein kleiner Theil der einst dem
Orden gehörigen Pergamente erhalten, so doch sicher
nicht der geringfügigste.

Ueber die von Schirren genannten hinaus kamen
mir noch 48 livländische Pergamente, die sich jetzt theils
unter der Livonica theils den Succica befinden, zu
Gesicht. 15 derselben waren freilich, theilweise aus
anderweitiger Ueberlieferung, bereits in unser Urkunden=
Buch übergegangen, 6 andere durch Styffe in seinem
Bidrag till Skandinaviens Historia (III, NNr. 43,
53, 63, 69, 123; IV, Nr. 124) veröffentlicht worden.
Aus der Zahl der übrigen, noch unbekannten, mache

ich nur namhaft den von Bischof Friedrich von Dorpat
zwischen Erzbischof und Orden über die Salis und
das nördlich von ihr gelegene Land vermittelten Vergleich von 1276, Decbr. 13 (inzwischen von mir gedruckt in den Mittheilungen XII, S. 376); Papst
Eugen IV. Befehl an den Orden, den B. Johann
von Oesel gegen den Gegenbischof Ludolf zu unterstützen, von 1446, Decbr. 10; den Vergleich des B.
Johann von Oesel mit dem Orden in Betreff des
Hauses Leal, d. d. Arensburg, 1461, Septbr. 13
(Gegenurkunde zu Schirren Verz. S. 16, Nr. 140);
die Urkunde des Klosters Marienthal, durch welche der
Ritter Erik Thursson nebst Frau und Kindern der
guten Werke jenes Convents theilhaft gemacht wird,
von 1504, Novbr. 4; mehrere Tiesenhausensche
Familiendocumente aus dem 15. und 16. Jahrhundert u. s. w.

Indem ich oben in Betreff genauerer Einsicht in
den größten Theil der Pergamenturkunden im Wesentlichen auf Schirren verwies, muß ich dem doch die
Verwahrung hinzufügen, daß ich mich in sehr zahlreichen
Fällen weder zu den von ihm mitgetheilten Lesarten,
noch der den Regesten gegebenen Fassung bekennen
kann. Häufig sind ihm Lesefehler mituntergelaufen
und auch bei der schließlichen Redaction seiner Arbeit
ist die Zurechtstellung manches deutlich hervorspringenden
Irrthums leider unterlassen worden. Da auf diese,
theils erst bei, theils auch ohne Einsichtnahme in
die Urkunden kenntlichen Verstöße noch nie aufmerksam gemacht ist, glaube ich im Interesse der

Benußer des Buchs einige wesentlichere hervorheben zu dürfen.

In den Nr. 1 zum Urkunden-Buche gelieferten Ver-besserungen ist zu lesen statt et Lauka: Zlavka; st. Jarowa: Jazowa; st. Pornawe: Poznuwe u. s. w. — Nr. 18 findet sich eine ganz unverständliche Rückauf-schrift: Merckt wol dessen breff, so en heft de bisscop nene macht dat hillighe slot ubt Rige to voren etc. umme dat sulvest, dat de orde heeft. Liest man mit der Vorlage st. slot: blot, und st. sulvest: interest, so schwinden die Zweifel. — Nr. 39 leßte Zeile lies st. quatenus dicti intuitu: quatenus Dei intuitu. — Zu dem nach Nr. 46 an-geführten Transsumt ist zu bemerken, daß hier nicht der Erzbischof von Salzburg und die Bischöfe von Augsburg und Trident, sondern die Erzbischöfe von Cöln und Magdeburg und der Bischof von Utrecht dem Orden zu Conservatoren geseßt werden. — Nr. 92 sollte es st. Meinhold Rodenbach: Meinhard Rodenborch heißen. — Nr. 99, Z. 7 st. pontificis: pontificatu; Z. 17 st. unum vero: primum vero; S. 10, Z. 13 st. promiter: primitus; Z. 39 st. inscriptum vel inscripta: instrumentum vel instrumenta. — Nr. 102 lesen wir: Jungvrowe Margharete van Rosen, dochter herrn Otten unde t o chter heren Woldeme,rs dessulven heren Otten sones, van Rosen etc. In der Urkunde findet sich: züster heren Woldemers. — Nr. 104, Z. 2 lies st. episcopus Aprutensis: Aprutinensis; Z. 14 st. Holtzwylie: Holtzwiilre; Z. 18 st. Arnimii:

Arimini. — Nr. 110 lautet: „Nowgorod. Vereinbarung zwischen den Boten des Ordensmeisters und Großnowgorod bis zu einer acht Tage vor Fastelabend nach Narva ausgeschriebenen weiteren Beredung." Obgleich Schirren diese Urkunde bereits vorher in der „Nachricht von Quellen zur Geschichte Rußlands" ꝛc. S. 43 ff. sowohl in russischer wie deutscher Fassung vollständig abgedruckt hatte, ist ihr Inhalt doch hier wie dort gänzlich mißverstanden. Nicht die vorläufige Abmachung der livländischen Boten zu Nowgorod, sondern den definitiven zu Narva mit dem Meister geschlossenen Frieden selbst haben wir vor uns. In dem russischen Text heißt es deutlich: и князс велнкнп ... и весь Велнкнп Новъ городъ послаша на съѣздъ с местеремъ ... к мсстсрю па съѣздъ иа Паровѣ на рѣкѣ. Съѣхавсо с местеремъ ... покончяху с местеремъ с Рѣскѣмъ с Селивсстромъ мпръ; und dem entsprechend in der deutschen Uebersetzung: Und de grote koning ... und ... Grote gemeynen Nogharden (und) sandten upp den dach mit dem meister ... to dem meister upp den dach tor Narve upp de beke. Do se quomen to samende mit dem meister . . . endigeden mit dem meister van der Rige Syfride eynen frede. Allerdings findet sich in dem Schirren'schen Abdruck, S. 46, letzterer Passus nicht vollständig, indem dort, Zeile 20, nach Nachwme Ywaneson Folgendes ausgelassen ist: to dem meister upp den dach tor Narwe upp de beke. Do se quomen to samende mit dem meister des groten koninges syn ameesnicke Wassyle Dymitersson koning Fewder Paterkeyenson, de bürgermeister van Nogharden Wassyle Yeziiffenson, Jacob Dymitersson, de burgermeister von Nogharden Offanoisse Fewderenson, Mychael Jorgensson, Nahwme Ywanenson. Auch in dem russischen Abdruck, S. 43, 3. 1, muß st. Се приѣхаша пословъ Велики Новъ города gelesen werden: пословъ в Велики Новъ городъ. — Nr. 113 3. 20 findet sich ein Fehler trotz des beigefügten sic. Es steht nicht Woldemari . . . regi, sondern Woldemari . . . reg. (also hier reg i s); 3. 21 lies st. ad verbum scilicet est: ad verbum sequitur et est. Sonst führe ich nur an Spalte 2, 3. 5 st. Jacobo Tolkemiten, domino Borchardo: Jacobo Tolke nec non domino B. — Obgleich bei Nr. 124 von vier vorhanden gewesenen Siegeln die Rede ist, heißt es doch zum Schluß (vielleicht nur in Folge eines Druckfehlers): Untersiegelt vom Meister Eberhard; Arnold von Hueßberg, Landcomthur zu Lothringen. In der Urkunde werden genannt: Meister Eberhard, Arnold von Hirßberg Landcomthur zu Franken, Erasmus von Wolmerdshusen Comthur zu Marburg und Claus von Remich Landcomthur zu Lothringen. — In Nr. 125 ist das Datum gelesen: veer teyn hundert yar und darna in dem twe undtwyrtigesten yare; statt dessen sollte es heißen: twe und twyntigesten yare. Die Urkunde ist also nicht von 1442, sondern von 1422. In Folge dieses Fehlers, über den schon die Eingangs genannten Namen des Erzbischofs und Ordensmeisters hätten belehren müssen, ist dieser Landtagsreceß, durch

den in umfassender Weise die Verhältnisse der Land-
bevölkerung geregelt werden und welchem ich darin
kaum eine andere Urkunde an Wichtigkeit zur Seite
zu stellen wüßte, im Urkunden-Buche übergangen worden.
Ferner enthält der 6. Punct sinnstörende Abweichungen.
Statt: dat nymand van en synen echten gaden
ummer overgeve effte mitt williklik vorlaute, sollte
es heißen: . . . offte mutwillikliken vorlate. —
Nr. 138 datirt nicht vom Sonntag vur Lucie, sondern
na Lucie. — In den NNr. 166, 167, 173, 193
und 197, lauter russisch-livländischen Friedensschlüssen,
begegnen dieselben Unklarheiten, auf die ich bereits
in meinem letzten Bericht als auf allgemein-verbreitete
aufmerksam gemacht habe. Ersehen wir hier auch aus
der jedesmaligen Anführung des Ordensmeisters, daß
wir keinen dorpat-pskowschen Separatfrieden vor uns
haben, so ist doch niemals zu entscheiden, ob der all-
gemein-livländische Beifriede mit Nowgorod oder mit
Pskow gemeint ist. NNr. 167, 193 und 197 sind
nun mit ersterem, NNr. 166 und 173 dagegen mit
letzterem aufgerichtete Friedensinstrumente. Daß in
Nr. 166 der Name des Bischofs von Dorpat zu
streichen ist, versteht sich danach von selbst; ferner muß
in Nr. 193 statt Hermann von Brüggeney — Johann
von der Recke gesetzt werden; woher endlich in Nr. 197
das Jahresdatum Juni 18 kommt, ist mir ganz un-
erfindlich, da der Vertrag selbst nur den Monat angiebt. — In Nr. 170 ist bei der Inhaltsangabe die
Hauptsache, das vom Bischof gefällte Urtheil, übergangen. — Nr. 172 lautet: Plettenberg verlehnt

seinem Mitgebietiger Tonnies Schulten und dessen
Erben ein Stück Land. Erscheint der Name Schulte
für einen Gebietiger schon ein wenig zu harmlos, so
drängen sich unabweisbare Bedenken bei der Belehnung
eines Ordensherrn und seiner Erben auf. In der
Urkunde heißt es: Plettenberg verlehnt mit Rath
seiner Mitgebietiger (dem) Tonnies Schulte . . . ein
Stück Land. — Nr. 185 datirt nicht von 1538, son=
dern 1541. — Nr. 189 lautet: In einer Urkunde
des Raths zu Reval werden als constatirte Anwälte
des Abts und Convents zu Padis genannt Hinrick
Boisman und Joh. Folckersam. Damit ist nur ein
einzelnes Moment der Urkunde herausgegriffen, ihr
Inhalt nicht erfaßt. Derselbe würde lauten: Der Rath
bezeugt, daß jene constituirten Anwälte den Hans
Bruns bevollmächtigt, des seligen Hans Sonnenschin
Schulden einzumahnen. — Nr. 195 ist zwar ein
Credenzbrief für die Ordensgesandten zum Reichstag
von Ulm; daß sie aber auch für Verhandlungen mit
dem Administrator des Hochmeisteramts bevollmächtigt
gewesen, davon befindet sich in der Urkunde kein
Wort. Ferner ist letztere nicht allein mit der eigen=
händigen Unterschrift des Landmarschalls versehen —
welche Bemerkung bei Schirren zur vorhergehenden
Nummer gerathen — sondern auch der des Ordens=
meisters. — Nr. 206 wäre nicht sowol als Abschied
Herzog Gotthards „in livländischen Landesangelegen=
heiten" als in curländischen Kirchenangelegenheiten zu
bezeichnen.

Die auf Papier geschriebenen Acten—Briefe, Copial=

bücher, Privilegiensammlungen u. s. w. — zur liv=
ländischen Geschichte, von den ältesten Zeiten bis ins
18. Jahrhundert herab, bilden jetzt im Reichsarchiv
eine große, gegen 700 meist umfangreiche Convolute
umfassende Abtheilung, an sich allein also ein stattliches
Archiv. Das Hauptmaterial für die Ordenszeit liegt
in den 35 ersten Packen vor; wegen der Copialbücher
muß jedoch in die Hunderte, für die Privilegien=
sammlungen in die Drei= und Vierhunderte, für
einzelne Sachen bis zu noch höheren Nummern hinauf=
gestiegen werden. Es ist der bereits oben erwähnten
Neuordnung zu danken, daß das Material jetzt in
dieser im Ganzen übersichtlichen Form vorliegt. Welcher
Fortschritt damit begründet, wie sehr Forscher und
Forschung dadurch gefördert werden, ergiebt sich am
klarsten, wenn ich das von mir Heimgebrachte mit dem
bei Schirren Notirten vergleiche. An einzelnen Papier=
documenten vermochte er bis zum Jahre 1536 herab
damals nur 78 Nummern zu verzeichnen; die Zahl
meiner bezüglichen Abschriften und Auszüge für den=
selben Zeitraum beträgt über 560 Stück, also mehr
als das Siebenfache. Und etwa dieselbe Proportion
wird sich für die folgenden Jahre bis 1558 zwischen
dem ihm damals bekannt Gewordenen und dem nun
zu Tage Liegenden ergeben. Eine annähernd richtige
Vorstellung von dem Umfang und Werth des bis zum
letztgenannten Jahre hier Vorhandenen läßt sich aus
seinem Verzeichniß dabei natürlich nicht gewinnen. Daß
aber das alte Wendensche Ordensarchiv im Wesent=
lichen wieder aufgefunden sei, davon kann auch noch

jetzt nicht wol die Rede sein. Eine genauere Einsicht
ergiebt unumstößlich, daß trotz relativer Fülle, doch
nur spärliche Trümmer des einstigen Reichthums auf
uns gekommen sind. Bis herab zum 16. Jahrhundert
ist das Material ein durchaus geringfügiges; für die
nächsten drei bis vier Decennien findet sich zwar
Mancherlei, immer aber nur höchst Fragmentarisches;
dann erst wird es reichlich; von den fünfziger Jahren
an erdrückend, und für die vier letzten Jahre des Ordens
läßt sich vielleicht nahezu von Vollständigkeit sprechen.

Die Absicht, diesen ganzen Stoff auf einmal zu er-
ledigen, stellte sich sehr bald als unausführbar heraus.
Als jetziges Ziel mußte ich mir das Jahr 1536 stecken.
Dieser Zeitpunct ist denn auch überall erreicht; in
vielen Abtheilungen aber ein fernerer, das Jahr 1540,
1545, 1550; und in einzelnen Fragen, z. B. den
Beziehungen zu Rußland und Litauen-Polen, konnte
bis zu der Grenze vorgedrungen werden, bei der die
„Quellen" von Schirren anheben.

In Bezug auf die von ihm im Verzeichniß registrirten
Papierdocumente sind, so weit ich dieselben überhaupt
geprüft habe, ähnliche Ausstellungen wie oben bei den
Pergamenten zu machen. In Anbetracht der dort,
trotz vielfach geübter Beschränkung, etwas in die
Breite gegangenen Bemerkungen, führe ich hier nur
einiges Wenige auf.

Nr. 207 datirt vom Tage der enthovedinge sanct
Johannss babtisten, also vom 29. August, nicht
24. Juni, und ist nur niederdeutsche Uebersetzung eines
bekannten Stücks (Livl. Urkunden-Buch II, Nr. 852). —

Nr. 214 wird bezeichnet als Concept einer Urkunde
Rigas über den Zwist mit Pleskow und dessen Beilegung, von 1468 Juli 22. Schon vorher war dieselbe von ihm in der „Nachricht von Quellen zur Geschichte Rußlands" S. 54 ff. im Wortlaut veröffentlicht
und dort (S. 16) noch bemerkt, daß durch sie eine
Lücke in den Russisch-Livländischen Urkunden von Na-
piersky ausgefüllt werde. Alles dies beruht auf Irrthum. Die Urkunde redet von Ploskow, d. h. Polozk,
nicht Pleskau; die freilich darin angegebene Jahreszahl
1468 ist eine falsche, das wahre Datum ist 1478,
Juli 22; das Ganze endlich eine vielfach fehlerhafte
Uebersetzung einer russischen Urkunde, die bereits in
den Акты Археограф. Экспедиціи I, Nr. 106,
und in der Napierskyschen Sammlung, Nr. 265, sogar
nach dem Original abgedruckt war. — Nr. 229 lies
st. Peternn Kobell: Robell. — Nr. 230 st. Herm.
Rennenburg: Ronnenburg. — Nr. 237 datirt von
1524, nicht 1523. — Nr. 256 ist nicht lateinisches
Concept, sondern niederdeutsche Uebersetzung; lies auch
st. Marthen Eibeneiche: Sibeneiche. — Nr 266
ist nicht von 1533, sondern frühestens von 1535.

Die Uebersicht über die einzelnen von mir durch-
gesehenen Convolute gebe ich in der letzteren im Archiv
angewiesenen Reihenfolge. Eine andere, mehr sachliche
Gruppirung oder mindestens eine Scheidung zwischen
Briefschaften, Copialbüchern u. s. w., hätte zwar ihre
Vorzüge, doch schien es mir von größerer Wichtigkeit,
eine gewisse Einsicht in die Archivordnung selbst zu
ermöglichen. Auf das Schirrensche Verzeichniß ist dabei

thunlichſt Rückſicht genommen und mindeſtens für die von mir bereits vollſtändig durchgearbeitete Periode regelmäßig angemerkt, ob ihm die Actenſtücke eines Convoluts vollſtändig oder theilweiſe zugänglich geweſen. Fehlt die Angabe in jener Zeit, ſo haben ihm die Sachen überhaupt nicht zu Gebote geſtanden.

Convolut 1—9, allerlei Regiſtraturen und Urkunden-verzeichniſſe, darunter das von Schirren S. 127 ff. vollſtändig abgedruckte.

Nr. 10, ſtarkes Convolut mit Aufſchrift „Härmä-starnes concepter jemte nagra originalbref till 1555", vornämlich Schreiben der Ordensmeiſter, für die älteren Zeiten nur in ſpäten Copien, weiterhin in Concepten und theilweiſe Originalen; ſehr reichhaltig von 1551 an. Einige Stücke bei Schirren verzeichnet, z. B. Nr. 218 und 257.

Nr. 11, ſtarkes Convolut herrmeiſterlicher Concepte dazwiſchen einzelne Originale, von 1556—1561. Theilweiſe bei Schirren aufgeführt.

Nr. 12, ein herrmeiſterliches Conceptbuch, das jetzt, nachdem Anfang und Ende verloren, noch aus 132 Blättern in Folio beſteht und die Zeit vom April 1524 bis Juni 1525 umfaßt Ferner liegt bei ein herr-meiſterliches Copialbuch, wohlerhaltener Band von 256 Blättern Fol. in Pergamentumſchlag. Auf dem erſten Blatte Ueberſchrift „Vorſchrift-Register, an-gefangen na Oculi anno etc. 44". Enthält Förde-rungsbriefe für Private aus den Jahren 1544—1547.

Für den kurzen Zeitraum von 15 Monaten ergab der erſtgenannte Band 114 Briefe. Er wird zu einer wahren Leuchte in der Dämmerung, den Weg auch vorwärts und rückwärts erhellend. Aus seinem reichen Inhalt möge nur eine Frage in ihren Umrissen vorgeführt werden, die nach dem damaligen Stande der reformatorischen Bewegung in Livland und der vom Meister ihr gegenüber eingenommenen Haltung.

Das Wort, welches von Wittenberg ausgegangen, hatte hier rasch begeisterte Anhänger gefunden. Das Land beharrte zwar noch beim römischen Glauben; die größeren städtischen Gemeinwesen aber, von Riga bis nach Narva, bekannten sich offen zur neuen Lehre. Beinahe geräuschlos und ohne Widerstand zu finden, hatte sich bisher der gewaltige Umschwung vollzogen; die nahezu vollständige Selbstherrlichkeit der Communen wehrte hinderndes Eingreifen der Landesfürsten ab. Die an den alten Gebräuchen Festhaltenden hatte man dabei gewähren lassen. Nun aber bricht beinahe gleichzeitig aller Orten, in gewisser gegenseitiger Beeinflussung und doch wieder unabhängig von einander, ein Sturm der Verfolgung über alles katholische Wesen und seine Anhänger herein.

In Narva, wo erst vor wenigen Jahren auf Wunsch des Raths sich die schwarzen Brüder niedergelassen hatten, kam es schon zu Anfang 1524 zu ernstlichen Zwistigkeiten mit denselben. Der Vermittlung des Comthurs von Fellin und der Guten Mannen aus Wirland gelang eine vorläufige Versöhnung. Ein hingeworfenes leichtfertiges Wort, dessen man drei Mönche beschuldigte, genügte, um die Vertreibung Aller zu beschließen. „Nicht eine ehrbare Frau, kein

sittsames Mädchen gäbe es zu Narva, und sollte Lüder=
lichkeit so ehrlich sein wie anderswo das Weinschenken,
so müßte hier aus jedem Hause ein Kranz hängen.
Auch hätte man ihnen Gelobtes nicht gehalten und
das müßten ja Verräther sein, die Siegel und Briefe
brächen." Dieses, doch theilweise etwas derber in der
Form, sollten die Angeklagten ausgesprochen haben.
In einem Briefe vom 29. Juni 1524 sucht der Meister
die Stadt zu beschwichtigen und in die Grenzen der
Besonnenheit zurückzulenken. Daß drei Mönche ver=
messene Schandworte gegen sie, ihre tugendhaften
Frauen und Kinder geführt, sei ihm Leid, „nachdem
wie in unszern jungen jaren aldar thor Narve
upgetagen und gewezen, (ock) nicht anders bo=
funden off gesporth, dan dath erliche und frame
luide in der statt gewaneth und, als wie nicht
twiffelen, noch wanen und szein". Die Schuldigen
zu strafen wolle sich gebühren, nicht aber den ganzen
Convent es entgelten zu lassen, da man überall Leute,
die „gebrechlich" seien, finde. Und weil die Luthersche
Lehre hier zu Lande, besonders in Riga und Reval,
sehr verbreitet und damit unbesonnen fortgefahren
werde, sollten sie ihre Prediger anhalten, nichts als
das wahre heilige Evangelium zu lehren, damit daraus
Liebe, Eintracht, Friede, nicht aber Aufruhr mit den
Mönchen erweckt werde. Diese Ermahnungen scheinen
indeß nicht beherzigt zu sein, denn schon im August
haben Prior und Brüder beschlossen, das Kloster
aufzugeben.

In Riga begann man im März 1524 mit dem

Niederreißen von Altären und der Beunruhigung der
Klosterinsassen. Die Vasallen aus Kurland und Liv=
land führen beim Meister Klage, daß ihre Kinder,
Schwestern und Verwandten, die ehrbaren Jungfrauen
im Dominicanerinnenkloster, von einem ehemaligen
Bruder, Schepinck, und Anderen über alle Maßen und
Billigkeit mit den allerschändlichsten und unehrlichsten
Liedern besungen würden. Auch die Grauen Schwestern
wurden bei Tag und Nacht gewaltsam überfallen,
ihnen die Fenster eingeworfen „und szunderlinges
der moder darsulvest szampt ettlicken junckfrouwen
stucke van dem kope und blage ogen geworpen.“
Der Meister mahnte von solchen Ausschreitungen ab,
weil sonst die Ritterschaft veranlaßt werde, sich ihrer
Freunde anzunehmen. Die Bewegung aber war in
stätem Wachsen begriffen und erhielt von Tage zu
Tage neue Nahrung. Der Franciscaner Antonius
Bomhower, dessen Bemühungen, die Stadt in Acht
und Bann zu bringen, ihr verrathen waren, wurde
heimkehrend auf der Düna ergriffen, ins Gefängniß
geworfen und sollte zum Tode verurtheilt werden;
dem neuen Erzbischof Blankenfeld ward im August die
Eidespflicht verweigert. Im November wollte man
bereits den katholischen Gottesdienst ganz verbannen
und zwang das Capitel, die Domkirche zu schließen,
Messen und Vigilien abzustellen. Der Meister verwies
darauf, daß selbst noch in der Schloßkirche zu Witten=
berg alle Gesänge und Messen nach Ordnung der hei=
ligen Kirche gehalten würden; weiter als dort dürfe
man auch hier nicht gehen. Sie sollten deshalb die

2

Domkirche wieder öffnen laſſen; falls ſie ſich aber
daran beſchwert fühlten, wenigſtens das Meſſeleſen bei
verſchloſſenen Thüren geſtatten.

An Reval, wo wir über den Gang der Bewegung
in neuerer Zeit eingehende Mittheilungen erhielten,
mußte der Meiſter am 25. Auguſt ſein bekanntes ab-
mahnendes Schreiben erlaſſen, weil auch hier die
Predigerbrüder merkliche Gewalt litten, ihnen alle
Kleinodien entfremdet, ſie an der Ausübung ihres
Gottesdienſtes gehindert und die neuen Lehrer anzu-
hören gezwungen wurden. Die Keller unter dem Chor
hatte der Rath zu einem Büchſenhaus eingerichtet und
ließ da zuweilen die Geſchütze löſen, daß das Gewölbe
erdröhnte. Dazu wurden die Brüder von den ver-
laufenen Mönchen geſtoßen und geſchlagen, ja aus
dem Kloſter einige Jungfrauen entlockt, die ſich darauf,
ihren Verwandten und dem ganzen Adel zu ſonderem
Hohn, Schande und Nachtheil, bemannten. Aus einem
Schreiben des Meiſters vom 18. October erkennen
wir die weiteren Fortſchritte auf dem eingeſchlagenen
Wege. Sie haben die Altäre abgebrochen, Bilder
und Gedächtniſſe der lieben Heiligen verwüſtet und
verbrannt. Mit ihren Kirchen will ſie der Meiſter
gleichwol gewähren laſſen und verlangt nur, daß ſie
auf des Ordens und Capitels Freiheit nicht derlei
Neuerungen vornehmen und Domherren und Geiſtlichkeit bei ihrem Gottesdienſte laſſen.

In Folge ſeiner dem Weſten mehr abgewandten
Lage erhielten ſich in Dorpat die alten Zuſtände am
Längſten, um dann deſto jäher zuſammenzubrechen.

Im Herbst 1524 war hier Melchior Hofmann als
Verkünder der neuen Lehre erschienen und seinetwegen
kam es am 10. Januar 1525 zu jenem Auflauf
zwischen Bürgern und Leuten des Stiftsvoigts. Als
man in der Stadt Sturm läutete, die Waffen ergriff
und das Geschütz gegen das Schloß richtete, ward es vom
Voigt geräumt und von Gliedern der Ritterschaft, des
Capitels und Raths in Verwaltung genommen. Dem
Bischof, dem man die Schuld an dem Blutvergießen
beimaß, standen die gesammten Stände, die hier von
Alters an Einmüthigkeit gewöhnt waren, feindlich
gegenüber. Wieder ist es der Meister, der den Herrn
als unbetheiligt zu entschuldigen sucht und daran
erinnert, wie derselbe den ständischen Privilegien und
Freiheiten sich nie feindlich erwiesen, man ihn deshalb
auch bei seinen Gerechtsamen lassen müsse. Doch beide
Theile zeigen sich hartnäckig. Wie die Stände mehrfach die Herausgabe des Schlosses verweigern, so
erklärt der Bischof die Dorpatenser für seine offenbaren
Feinde, denen er sicheres Geleit versagt. Nach vielen
fruchtlosen Verhandlungen mußte die Entscheidung dem
nächsten Landtage, im Juli 1525, vorbehalten werden.

Und aus den Städten hat sich die Bewegung
bereits aufs Land verpflanzt. Die öselsche Ritterschaft, nachdem sie die Entrichtung der Rente an das
Capitel verweigert, hält während des Sommers 1524
allerlei Tagsatzungen mit den Vasallen der andern
Stifter und den Städten. Erbitterte Briefe werden
wiederholt mit dem Bischof gewechselt. Ein gegen
die geistlichen Herren gerichteter Zusammenschluß der

2*

Stände stand in drohender Aussicht. Einige dörptsche
Ritter lassen auch schon verlauten, sie gedächten die
Güter des Klosters Falkena gewaltsam einzunehmen.

Alle Beeinträchtigten, die bedrängten Bischöfe, die
geängsteten Klosterbrüder und Schwestern, ihre belei-
digte Verwandtschaft, sie erwarten in dieser Noth
Rettung vom Meister. Häufig hat dieser denn Mahnungen zur Besonnenheit und Worte milden Tadels
gegen die Ausschreitungen ergehen lassen. Aber dies
waren nicht die Mittel, jener Bewegung Stillstand zu
gebieten. Es bedurfte eines entscheidenden Entschlusses,
ob ihr mit aller Kraft entgegengetreten oder sie nicht
vielmehr gefördert werden sollte — und dazu hat es
der alte Meister nie gebracht. Ein häufig in seinen
Correspondenzen wiederkehrendes Wort charakterisirt
seinen Standpunkt am Besten: der Irrthum sei nicht
allein hier verbreitet, sondern habe sich außerhalb
Landes in vielen Fürstenthümern und Städten erhoben,
die zum Theil der päpstlichen Heiligkeit und römisch-
kaiserlicher Majestät unterworfen. So könne man darin
nichts handeln, man erfahre zuvor, wie es die Häupter
damit hielten. Er für seine Person wisse dabei nichts
zu thun, da er sich in Sachen gemeiner Christenheit
nicht als Richter ansähe. Damit wälzt er denn die
Entscheidung stets von sich ab, obgleich hier, wo es
nur geistliche Landesherren gab, die Frage eine brennen-
dere war als irgendwo. Während man in Riga und
Reval schon Altäre zertrümmert und die Klöster arg
drangsalt, lehnt er doch jedes energische Einschreiten
ab, da man nicht gehört, „daß irgend ein Fürst des-

wegen Krieg gegen eine Stadt angefangen habe." Sein Augenmerk ist allein darauf gerichtet, daß die Bewegung nicht die Grenzen überschreite, innerhalb deren sie sich noch in Deutschland befand. Würde dagegen, so schließt er einmal, der Ursprung der Neuerung hier befunden, so wollte er und der ganze Orden, so viel in ihren Kräften stände, ihr steuern und dabei Leben und Wohlfahrt aufsetzen.

Nur zögernd, ja widerwillig entschließt er sich auf vieles Drängen von außen zu der leisesten Vorstellung bei den Städten, ohne sich dabei selbst nur den geringsten Erfolg von seinen Schritten zu versprechen. Auf den Vorschlag des Erzbischofs im Mai 1524, wegen der religiösen Unruhen und drückender Miß-stände im Handel eine Zusammenkunft anzusetzen, er-wiedert er: Riga sei von dem neuen Wesen doch nicht abzubringen, man fange denn Krieg und offenbare Fehde an; ebenso wenig sei in Sachen der Kaufmann-schaft etwas Fruchtbares zu handeln, da der Kaufmann hier zu Lande stets seinen Willen gehabt. Und da die Städte gegen den König von Dänemark nun vom Glück begünstigt worden und ihn aus seinen Reichen vertrieben hätten, wollten sie noch mehr als zuvor Alles „na eren egen kopp und muetwillen" bestimmen. Den Edlen von Harrien und Wirland, die seine Für-sprache bei Reval zu Gunsten der Dominicaner an-rufen, giebt er zur Antwort: da alle seine bisherigen, mündlichen und schriftlichen Vorstellungen erfolglos geblieben, vermuthe er, daß auch sein jetziges Schreiben „nicht viel Frucht schaffen werde". Und in ganz

gleicher Weise bescheidet er den Erzbischof, der auf
die Willkür des rigischen Raths, eine geistliche Person,
den gefangenen Bomhower, aburtheilen zu wollen,
aufmerksam gemacht: er habe ihnen ansagen lassen, sie
sollten sich vorsehen und den Mönch nicht so eilig um
seinen Hals bringen. „Vormoden uns aver, idt
nichts groeth fruchtbars inbringen werdt." So
verzichtet er auf jede Leitung und läßt den Dingen
ihren Lauf. Weder hat er es über sich vermocht, die
Bewegung auch nur in ihren Ausschreitungen entschieden
zu bekämpfen, noch sich an ihre Spitze zu stellen.
Und daß er Letzteres nicht gethan, es bleibt ewig zu
beklagen. Wie anders hätte das Land den Sturm,
der dreißig Jahre später hereinbrach, dann bestanden!

Nr. 13, Copialbuch von 127 foliirten und mehreren
unfoliirten Blättern in Folio aus der ersten Hälfte
des 17. Jahrhunderts, mit Aufschrift „Afscrifter af
bref rörande Lifland, 1226—1599." Außer dem
Inhaltsverzeichniß lassen sich folgende 5 Abtheilungen
unterscheiden: 1) Urkunden, hauptsächlich den Verkauf
Estlands von Seiten Dänemarks an den Hochmeister
und die spätere Abtretung durch Ludwig von Erlichs-
hausen und den Markgrafen Albrecht an den Orden
in Livland betreffend, sämmtlich bekannt. 2) Quittun-
gen Christian I. von Dänemark über vom livländischen
Orden an ihn geleistete Zahlungen von 1455—1469,
alle im Reichsarchiv in den Originalen vorhanden;
3) Copien und Auszüge kaiserlicher Privilegien für
Livland nebst einzelnen Landtagsrecessen, von 1540—1558.
Unter ersteren sind mehrere nicht ausgenutzte, beispielsweise:

König Sigismund verbietet dem Erzbischof und allen
Bischöfen in Preußen und Livland, den Orden im
Genuß seiner Privilegien zu stören; Blindenburg, 1424
Mai 17. — König Ferdinand bestätigt die Wahl
Herm. v. Brüggeney zum Nachfolger Plettenbergs;
Wien, 1533 Juli 8 (Index 3506). — Derselbe
erklärt, die Ertheilung der Regalien an jenen vor-
läufig verschieben zu müssen; Wien, 1533 Juli 9
(Index 3507). — Karl V. gewährt dem D.-M.
Brüggeney und dessen Nachfolgern nach ihrem Amts-
antritt eine je vierjährige Frist zur Nachsuchung der
Regalien; Barcelona, 1538 Februar 11. — 4) Bünd-
nisse und Verhandlungen zwischen Schweden und Livland von 1447—1555. Von diesen sind 5 Stücke
bei Styffe, Bidrag ꝛc. (IV, NNr. 33, 88, 105, 107,
165), eins bei Grönblad, Nya Källor till Finlands
medeltids historia (Nr. 26) und 2 in den N. R.
Miscellaneen (III—IV, Seite 625 und 709) und
nochmals bei Grönblad (Nr. 34, 38) gedruckt. 5)
7 Abschriften und Auszüge von Urkunden von 1438
bis 1464, betreffend die Güter Erres und Ame in
Wirland, die von Frau Abele an das Domcapitel zu
Ripen geschenkt und von diesem an König Karl
Knutson verkauft worden. Unbekannt bis auf eine
bei Grönblad (Nr. 25) und eine bei Kinch, Ribe Bys
Historie (Seite 307) angeführte.

Wie einzelne Bemerkungen von seiner Hand zeigen,
ist dieser Band von Hiärn durchgesehen worden —
daher die obigen Nummern im Index; ferner aufgeführt bei Schirren, Seite 161, Nr. 2015, wo indeß

nur der Inhalt der ersten Abtheilung theilweise an-
gegeben ist.

Nr. 14, dicker Folioband mit Aufschrift „Här-
mästarnes bref till konung Gustaf I., 1523—1560",
etwa 150 Originalbriefe vornämlich der Ordensmeister,
aber auch der rigischen Erzbischöfe und Anderer, an
König Gustav und seine Befehlshaber, in nicht immer
genauer chronologischer Folge.

Diese Schreiben legen während Plettenbergs Zeit
hier und da Zeugniß ab von kleinen Artigkeiten, die
man sich erwies — 1523 hat z. B. der König dem
Meister zwei Rennthiere (renen) übersandt — weit
häufiger aber von gegenseitiger Verstimmung und
Mißtrauen, die, bald der einen, bald der andern
Ursache entsprungen, eigentlich ununterbrochen herrschten.
Einer der vornehmsten Gründe war die Unterstützung,
welche der Parteigänger des vertriebenen Christian II.,
Severin Norby, beim Meister und Bischof von Oesel
fand. Mehrmals, so auch 1527, hat sich Plettenberg
gegen den Vorwurf vertheidigt, „die trostlosen Severin-
schen" und andere offenbare Feinde des Königs bespeist,
in sein Geleit oder gar seinen Sold genommen zu haben.
Es seien von denselben Etzliche hin und wieder durch
die Lande gelaufen, vielleicht auch in den Stiftern
und Städten, was man nicht kehren könne, nie aber
vom Orden in Dienst genommen. Den Severin selbst
gewährten freien Durchzug entschuldigte man mit einem
kaiserlichen Geleitsbrief. Aus anderweitigen Correspondenzen ersehen wir nun freilich, daß man es in
Livland in der That mit Niemand zu verderben

wünschte, der Meister beispielsweise im Jahre 1525 einem Diener Severins 1000 Mark, einem Andern, der übel zugerichtet in Reval einlief, zu seiner Wieder= ausrüstung 500 Mark vorstreckte, daß ebenso der Bischof von Oesel unter der Hand seine Schuten nach Wisby laufen ließ, um dessen Besaßung mit Getreide und Malz zu versehen. Ein anderes Mal, im Jahre 1526, ist es die Angelegenheit des früheren schwedischen Münzmeisters Leonhard, dem man auf eine angebliche königliche Erlaubniß hin die Fortführung seines Gewerbes in Reval gestattete, während der König dies als Begünstigung von Falschmünzerei betrachtete. Dann wieder, im Jahre 1534, hat der Meister — nach seiner Versicherung, unaufgeklärt über das Zerwürfniß desselben mit seinem Herrn — dem Grafen von Hoya, „als des Königs freundlichem geliebten Schwager, diesem zu besondern Ehren und Wohlgefallen" den freien Paß durch die Ordenslande vergönnt und muß dafür den Vorwurf hören, des Reiches Feinde zu fördern. Dazwischen endlich sind es Uebergriffe des einen oder andern Theils zur See, welche die Ver= stimmung wach erhalten. Im Jahre 1523 haben schwedische Auslieger dem Voigt zu Wesenberg aus dem Hafen von Tolsburg ein Schiff mit Gerste ge= nommen — unter dem Vorwande, dasselbe hätte ihren Feinden zugeführt werden sollen. Da die ganze Angelegenheit sich alsbald als eine Art Zwangsanleihe herausstellte, die gemacht worden, weil man ohne Getreide und Geld gewesen, erklärte der König zwar, Alles mit dem Ersten dankbarlich bezahlen zu wollen.

Doch vielmals mußte er noch deshalb gemahnt werden und erst 1532, nachdem der Voigt bereits verstorben, hören wir, daß die Entschädigung geleistet sei.

Auch 1525 hat der Hauptmann Niclas Swante dem Ordensmeister ein Schiff mit Roggen entführt; zwei Jahre später wiederum sind schwedische Schuten durch zwei öselsche Vasallen genommen worden — kurz in dieser Weise verewigen sich die kleinen Conflicte.

Unter den nicht-herrmeisterlichen Actenstücken sind einige vom Markgrafen Wilhelm während seiner Fehde mit dem B. Reinhold ausgegangene hervorzuheben. Wie derselbe den König von Dänemark um Unterstützung anging und sie von dort in der That erhielt, so richtete er zu Anfang 1534 durch seinen Gesandten Johann Payn das gleiche Gesuch an König Gustav. Die Instruction findet nicht Worte genug, die Grausamkeit des Gegners und die treulose Haltung des Ordens, durch welche der Markgraf in seine gegenwärtige elende Lage gebracht sei, zu schildern. Jener hat sich gegen Seine Durchlaucht und deren Anhänger mit Rauben, Morden, Brennen, Fangen und „in ander vhedliche, ja mher Turckische und vihische, dan kriegische oder menschliche wege ertzaigett". Und als der Markgraf vom Glück begünstigt sei, da erst habe sich der Orden ins Mittel gelegt, „um ihm die Hände zu schließen". Längst wäre sein Nebenbuhler unterlegen, wenn ihm nicht von jener Seite Zuschub und Vertröstung geschehen. Das Ganze sei ein abgekartetes Spiel, ihn aus Livland ganz zu verdrängen, wie denn auch der Meister ihn und seinen

herzoglichen Bruder durch seine Diener auf den Bier=
bänken aufs Höchste verachten und sich mit Drohen
habe vernehmen lassen, ihn zu vertreiben und die
Lutherische Secte in Preußen auszurotten. Von Reinhold
mit Hilfe der Lübecker in Hapsal blokirt, wiederholte
er seine Bitte im September 1534 bei dem Haupt=
mann auf Raseborg, Erich Flemming, „um jenen desto
stattlicher widerstehen zu können, die wider göttliche
Ordnung nicht allein das Reich Schweden, sondern
alle Obrigkeit und Herrschaft frevlerisch anzugreifen
sich vermessen". Doch weder die Mahnungen an die
Solidarität dynastischer noch religiöser Interessen —
welche letztere sich im Munde des Coadjutors sonderbar
genug ausnehmen — scheinen dort genügend gewürdigt
zu sein. Wenigstens blieb die erhoffte Hilfe aus.

Nr. 15, starker Folioband mit Aufschrift „Lif- och
Estl. bref till konung Gustaf I., 1523—1560",
etwa 120 Originalbriefe livländischer Privatpersonen,
hier und da auch von Bischöfen und Gebietigern, eben=
falls nicht durchgehend streng chronologisch geordnet.
Von Schirren benutzt.

Nr. 16, dünnes Convolut, nach der Aufschrift „Ver=
handlungen zwischen Livland und Gustav I." Enthält
daneben manches Andere, z. B. zwei Privilegien Kaiser
Karl V., beide d. d. Brüssel, 1553 Juni 27, durch
deren erstes der Ordensmeister und Bischof von Dorpat
von den Reichssteuern befreit und der Durchzug nach
Moskau verboten wird (ein ungenaues Regest im Index
3546); während das andere ein Schutzbrief für Bischof
und Stift Dorpat nebst Ernennung von Conservatoren

für dieselben ist. — Einiges, z. B. Nr. 360, bei Schirren verzeichnet.

Nr. 17, mitteldickes Convolut, enthaltend einige Schreiben Herzog Johanns von Finnland nach Livland, hauptsächlich aber livländische Briefe an ihn und König Erich XIV. von 1556—1568. Darunter auch die Correspondenz Matth. Friesners von 1558—1563. Bei Schirren aufgeführt und in den „Quellen" theilweise schon gedruckt.

Nr. 19, mehr als 100 Originalbriefe ausländischer Fürsten, Herren und Städte an die Ordensmeister vom Anfang des 16. Jahrhunderts bis zum Ende der Ordenszeit. Reichhaltig von etwa 1540 an. — Briefe König Sigismund I. von Polen, litauischer Magnaten und des Bischofs von Wilna, in denen es sich um die bekannten Fragen der Grenzregulirung und des Verhältnisses zu Moskau handelt, herrschen zunächst vor; daneben finden sich päpstliche Erlasse, Briefe norddeutscher Fürsten, namentlich brandenburgischer, u. s. w.

Nr 20, über 50 Originalschreiben der Erzbischöfe, von Riga, livländischer Bischöfe, Ordensherren, Städte und Privatpersonen, dann des H.-M. Albrecht (meist aus der Zeit seines Krieges gegen Polen) und einiger anderer Auswärtigen an Plettenberg aus den Jahren 1506—1535.

Als auf ein charakteristisches Zeichen der Zeit, das sich auch in vielen dieser Briefe wiederspiegelt, möchte ich auf jenes allgemeine Gefühl der Unsicherheit aufmerksam machen, das sich seit der Reformation, als Folge der gewaltigen Erschütterungen, die sie auch auf politischem Gebiet herbeiführte, überall der Gemüther

bemächtigt hat. In Livland werden im Besondern
seit Aufhebung des Ordens in Preußen, bei mehr
und mehr hervortretenden Säcularisationsgelüsten
norddeutscher Fürsten, die Läufte als „ganz geschwinde
und fährliche" betrachtet. Mögen auch viele der auf-
tauchenden Gerüchte als von Furcht und übertriebenem
Argwohne eingegeben erscheinen, im Ganzen hatte
man allen Grund auf seiner Hut zu sein. Fortwährend und von allen Seiten gehen dem Meister
Warnungen zu. Bald spricht man von einem schwedischen Anschlage auf Tolsburg, Narva und Sonneburg,
dann wieder (1532) von einer Coalition des Herzogs
von Preußen mit König Friedrich I. von Dänemark
gegen Livland. Hätte dieser nur erst vor Christian II.
Ruhe, so würde er Schiffe und Volk auf Riga und Pernau
senden. Und käme er dieses Jahr nicht, so müsse man
seiner im nächsten sicher gewärtig sein. Mehr als einmal
werden Rundschreiben an die Gebietiger und Vasallen
erlassen, sich bereit zu halten, um bei der nächsten
Nachricht gerüstet ins Feld rücken zu können.

Dabei steigert sich das Mißtrauen innerhalb des
Landes. War ja doch der E.=B. Blankenfeld der
Anklage, mit den Russen heimlich verrätherische Verhandlungen gepflogen zu haben, verfallen. Etwas
weitgehend, doch immerhin bezeichnend scheint es, wenn
selbst Plettenberg einmal beim B. Hermann von
Kurland den Verdacht wach gerufen hat, er könne
den Staatsstreich wagen. Im Auftrage jenes befand
sich der Bischof 1526 und 1527 in Deutschland, um
zugleich mit dem Comthur von Fellin die Verhältnisse

des livländischen Ordens zum Deutschmeister, der nach
Aufhebung der hochmeisterlichen Würde die Oberhoheit
in Anspruch nahm, zu regeln, ferner um einen Erlaß
der allgemeinen Reichssteuer für Livland zu erwirken.
Von dort aus richtet er nun zu Ende 1526 ein
mahnendes Schreiben an den Meister, ja bei dem
alten Glauben zu beharren, und malt ihm all' die
Nachtheile aus, die sein Abfall nach sich ziehen würde.
„Eure Liebden lasse sich durch keine Reden, Zeitungen
oder Anbringen, wie sie immer lauten mögen, bewegen
und gebe sich nicht zu Lutherischer Lehre und Wesen.
Denn wer das thut, der thut wider kaiserlicher
Majestät Edict und verfällt den Strafen, wie sie zu
Worms bestimmt, zu Nürnberg bekräftigt und auch
jüngst zu Speier nicht abgeändert worden sind.
Wenn dagegen Eure Liebden und der Orden dem
Lutherthum nicht anhangen und bei dem rechten
christlichen Glauben bleiben, so behalten sie alle Herr-
lichkeit und Freiheit. Darum strafe Eure Liebden den
Aufruhr, der aus der Lutherischen Sache täglich mehr
und mehr erwächst, und sei dawider, wie bisher, so viel
als immer möglich ist. Eure Liebden werden erfahren,
daß diese Dinge von keinem Bestand sind" u. s. w.

Ebenso unrichtig wie die Zukunft scheint der Bischof
den Character des Meisters beurtheilt zu haben.
Dessen Abneigung gegen entschlossenes Handeln, die
wir oben kennen lernten, hat sich mit den zunehmenden
Jahren noch gesteigert. Wir finden, daß alle Ordensgebietiger in ihren gelegentlichen Rathschlägen sein
Zaudern bekämpfen und ihn zu schnelleren Entscheidungen

zu drängen suchen. So deutet der Landmarschall einmal an — es ist einer der letzten an Plettenberg er-
gangenen Briefe, vom 6. Februar 1535 — daß er
sich in dem öselschen Zwist des Markgrafen Wilhelm
allzu sehr von der Rücksicht auf den König von Polen
abhängig mache und darüber den rechten Zeitpunct
zum Handeln versäume: Es sei nichts Fruchtbareres
und Förderlicheres hierin vorzunehmen, als daß man
die Sachen treibe ohne lange Zögerung. Diese sei am
Schädlichsten und mache nur den Gegner getroster. Die
Stände und der Orden würden von jenem um so
weniger geachtet, je langmüthiger sie sich zeigten.
Nichts wolle er lieber sehen, als daß die Vollbringung
dieses dem Frieden und der Ruhe des Landes dienenden
Werkes dem Meister zugeschrieben würde und neben
seinen andern rühmlichen Thaten ihm bei der Nachwelt
zu ehrendem Gedächtniß gereichte.

Auch dem Comthur von Fellin, Robert de Grave,
erscheint der Meister zu langmüthig. Von diesem
1532 um seine Meinung befragt, ob man zugeben
solle, daß Jürgen von Ungern als Abgesandter des
Markgrafen Wilhelm an den Kaiser ziehe, ertheilt er
seinen treuherzigen Rath dahin, daß jener in keiner
Weise aus dem Lande gestattet werden dürfe. Schon
hier habe er trotzige Drohworte ausgestoßen; käme er
nun hinaus, so würde er „sein angeborenes Gift aus-
blasen und dem Orden Verderben, Schaden und
Unglück zutreiben, so viel er könne". So lange
Jürgen von Ungern und zwei oder drei seiner Anhänger,
die man wol kenne, nicht „umme gebrocht", sondern

frei geleitet würden, könne das ganze Land nicht zu
Frieden und Ruhe kommen. Die Langmuth veranlasse
zu sündigen. Dies stelle er in gnädiges Bedenken!

Ueber die Zustände an der livländisch-litauischen
Grenze werden wir hier gelegentlich durch Briefe von
beiden Seiten unterrichtet. Obgleich ich mein ein-
schlägiges Material aus dem polnischen Archiv jetzt
reichlich aus dem des Ordens vermehrte, vermag ich
die kleine, vor einem Jahre von diesen Verhältnissen
entworfene Schilderung danach doch weder umzuge-
stalten noch auch erheblich zu erweitern. Es treten
keine neuen Züge hinzu, höchstens wird das uns bereits
Bekannte durch gehäufte Beispiele illustrirt. Beide
Theile versichern fortwährend ihr glühendes Verlangen
nach Herstellung geordneterer Zustände, den Klagen
begegnen sie mit Gegenklagen, von Jahr zu Jahr
wird der Ausgleich verschoben und Tag für Tag er-
neuern sich Gewaltthat und Mord. Sowol von litauischer wie deutscher Seite führe ich ein Schreiben an.
Auf mehrfach geführte Beschwerde erwiedert der Woje-
wode von Wilna dem Meister am 4. Februar 1524,
daß den Unterthanen des Königs im Gebiete von
Braslaw und Drissa hundert mal mehr Unbill und
Vergewaltigung geschähe und namentlich vom Comthur
zu Dünaburg. Die litauischen Boten habe derselbe
nie vor seine Augen gestattet, ja noch gedroht, falls
sie sich nicht schleunigst über die Düna machten, so
sollten sie ersäuft werden; Leute, die bei ihm Klagen
angebracht, habe er an den Pranger binden und
peitschen lassen, welche Uebelthat nicht einmal von

Heiden und Ungläubigen begangen würde. Die Erledigung der Sachen müsse im Uebrigen der „seliglichen" Ankunft Sr. Majestät vorbehalten bleiben.

Auf der andern Seite liegt uns ein Brief des so oft angeklagten Comthurs von Dünaburg vor. Zu Anfang 1527 berichtet er dem Meister: Am letzten Sonntage sind die Litauer, etwa 600 Mann stark, mit drei Falkonetten und einigen Hakenbüchsen dem Johann Binkenoge in seinen (südlich der Düna gelegenen) Hof gefallen, ihn mit Gewalt zu erobern und die Insassen zu ermorden. Doch hätten dieselben sich männlich gewehrt, so viel sie gekonnt, geschossen und etwa 10 der Gegner tödtlich verwundet, so daß jene wieder abziehen müssen. Da sie aber des Sinnes wären, mit größerem Geschütz wiederzukommen, auch wegen der Düna und schlechter Wege kein Entsatz möglich sei, habe Binkenoge selbst seinen Hof verbrannt und sich auf das nördliche Ufer zurückgezogen. Auch den Tonnies Schulte und Gotschalk Rebinder wollten die Litauer vertreiben. Auf seine Rechtsforderung habe er nur spitze Reden zur Antwort erhalten.

Nr. 21, sehr starkes Convolut, meist Originalbriefe an den O.-M. Hermann von Brüggeney aus den Jahren 1535—1548. Namentlich zahlreich sind die der Erzbischöfe Thomas und Wilhelm, die Nachrichten von der russischen und litauischen Grenze durch die Comthure von Marienburg, Dünaburg, Doblen und den Voigt zu Bauske, die „Zeitungen aus der See" und über die Schifffahrt vom Hauscomthur zu Riga, ferner Briefe Rigas und Revals. Am 6. Januar 1546

3

sendet u. A. der Comthur von Goldingen eine „Tür-
tische Zeitung" und fügt derselben die Nachschrift hinzu:
Ja, man secht ock, dath der Turck dem jungen
konig tho Polen eine dochter Rebeca to gevende
genegeth.

Nr. 22, starkes Convolut Originalbriefe an die
D.-M. Johann v. d. Recke von 1549—1551 und
Heinrich von Galen von 1551—1555. Unter den
bisher benutzten Stücken ist wieder eine Reihe in-
teressanter Nachrichten aus Dünaburg, Rositten und
Neuhausen über Litauen und Rußland hervorzuheben,
ferner ein Schreiben der Universität Frankfurt a/O.
an den D.-M. Galen vom 1. April 1555 mit der
Bitte, den Thomas Hörner auch weiterhin bei seinen
Studien zu unterstützen.

Nr. 23, starkes Convolut Originalbriefe an den
D.-M. Heinrich von Galen von 1556—1557 und an
den Coadjutor Wilhelm von Fürstenberg von 1556.
Einige bei Schirren aufgeführt. — Benutzt wurde
eine Anzahl Schreiben, welche sich auf den Abfall
des Landmarschalls Münster und die Verwicklungen
mit dem C.-B. Wilhelm, sowie mit Polen beziehen,
darunter die Briefe, welche Fürstenberg als Ordens-
feldherr aus dem Lager vor Ronneburg, Kokenhusen,
Raden, Bauske und Schönberg vom Juni bis October
1556 an den Meister richtete.

Nr. 24, dickes Convolut Originalschreiben an den
D.-M. Wilhelm von Fürstenberg von 1557—1559,
dazwischen einzelne Stücke aus früherer Zeit, von 1528,
1535 u. s. w. Theilweise bei Schirren aufgeführt.

Nr. 25, mitteldickes Convolut Originalbriefe an
den O.-M. Kettler von 1559—1561, nebst mehreren
undatirten an die Ordensmeister überhaupt, welche bis
in die dreißiger Jahre des 16. Jahrhunderts zurück-
gehen. Die Hauptmasse (1559 ff.) von Schirren
benutzt.

Nr. 26, starkes Convolut, überschrieben „Originalbriefe von und an Ordensgebietiger" vom Anfang des
16. Jahrhunderts bis 1561. Dazwischen vielerlei
Anderes, beispielsweise Correspondenzen zwischen dem
Erzbischof von Riga und dem Bischof von Curland,
Schreiben des Markgrafen Wilhelm an den Grafen
von Hoya zu Wiborg u. s. w.

Während der ganzen Ordenszeit ist Curland so sehr
Nebenland, in Folge des Mangels großer festgegliederter
Vasallenverbände und städtischer Gemeinwesen an den
politischen Vorgängen durchgängig so wenig betheiligt,
daß über den dortigen Zuständen meist ein idyllisches
Halbdunkel lagert. Prüfe ich mein Gedächtniß flüchtig
auf das Neuerfahrene, so ist mir im Augenblick nur
die Erinnerung an einige begangene Todtschläge geblieben. Dieses Convolut bietet nun endlich mehrere
curische Briefschaften, aber auch aus ihnen lernen wir
weder Viel noch Bedeutendes. Schon während des
ganzen 15. Jahrhunderts hatten zwischen den Bischöfen
und den Comthuren von Goldingen Streitigkeiten wegen
der Grenze bestanden. Von Zeit zu Zeit nehmen
dieselben einen acuteren Character an, so namentlich
im Jahre 1513. Es kommen uns dabei einige
Reminiscenzen an die livländisch-litauischen Grenz-

händel, nur daß man sich hier mehr an bösen Worten genügen läßt. Der Comthur Goes, der wieder ein Stück bischöflichen Landes besetzt und darauf sogar einen Galgen errichtet hat, läßt dem protestirenden Herrn entbieten, er wolle dessen Diener und Land= knechte dran hängen lassen. Trotz Vermittlungsver= suchen des Erzbischofs und Meisters geht dieser Zwist bis in die vierziger Jahre fort. Mehrere jener Briefe sind von Bischof Heinrichs „egenner ilender hant" geschrieben. Es läßt sich übrigens hier, wie auch an mehreren Stücken in Convolut 10, feststellen, daß nach Aufhebung des Ordens verschiedene kleinere curische Archive, z. B. das der Goldingenschen Comthurei, mit dem Mitauschen vereinigt worden sind. An die Com= thure gerichtete Originale, ferner Concepte von ihnen ausgegangener Schreiben finden sich in ziemlicher Anzahl.

Außerdem aber enthielt dies Convolut ein Schreiben, das, wenn wir auf die Wirkungen sehen, welche es für den Urheber, ja für das ganze Land hatte, viel= leicht das merkwürdigste unter allen livländischen ist. Jener Brief, den der Erzbischof Wilhelm, wol im April 1556, an den Herzog von Preußen richtete und der in kurzen Zügen den schon vorher beredeten Plan eines verrätherischen Angriffs auf Livland entwirft, dann, von den Gegnern aufgegriffen, die Gefangen= nahme des Absenders und alle die schweren Verwick= lungen namentlich mit Polen, welche mein voriger Bericht kurz schilderte, zur unmittelbaren Folge hatte, dieser Brief findet sich hier im durchgängig von der

Hand des Erzbischofs geschriebenen Original. Es ist jenes selbe Stück Papier, das der Ordensmeister in der Versammlung seiner Rathsgebietiger zu Wenden dem polnischen Abgesandten als erdrückenden Beweis der Schuld des Markgrafen vor Augen hielt. Klein in Briefform zusammengefaltet, war dasselbe mit einem Ringsiegel, auf dem eine Pallas mit Lanze und Eule kenntlich, verschlossen. Im Wortlaut ist der Brief noch unbekannt und Schirren hat von demselben nur eine gleichzeitige, jedoch ungenaue Copie, die jetzt dabei liegt, verzeichnen können (S. 38, Nr. 489). Obgleich der Markgraf kein Classiker in seiner Muttersprache ist, aus der Construction fällt, die Worte vielfach verunstaltet, auch das b und w regelmäßig verwechselt, scheint das Ganze doch verständlich genug, um es in wortgetreuer Wiedergabe hier folgen zu lassen.

Adresse: Dem Hochgeborn Fursten, hern Alhbrechten, Marggraff zu Brandenburg, dieser briff allen zu handen etc.

Hochgeborner Furst, Freundlicher Lieber her und bruder. Negst gudlicher bunsung czeidligs und Ebigs Nebeu Erhaldung langbiriger gluckseliger hirsender Rag(ir)ung in gesundhaid allendhalben Erhalden wuren, wer mir die hogste freude zu erfaren. Und kan E(wer) L(iebden) der gelegenhaid nach in kein weg zu ferhalden, das iczsicher geschbyndhaid nach Nodbendig wer zumb Ersthen anhgriff, der Webusthen sachen nach, x^M (d. h. 10,000) man zumb anhfangh, welches anh ludsturzung gescheen kan, in zaiden gescheen

mucht. Uff Kauerlandt E. L., uff Refelh iij schiff
zu Laffiren, Mid Pernau ist auch Radt, mid
Wendenn wird Gott auch walden. Es sain filh
drauhercziger, die Erlosung Erbarden, fillacht das
mocht Erfolgen, tho man nict formudung haben
mocht. Es billh krachen anh allen Enden. Die
unhainkaid und furpiderung ist so gros, mer als
formudung. Man mus den sachen Nachsezen.
Dis hab ich in der Eille E. L. nict wissen zu
forhalden; dan nach diesem angezaid haben sich
E. L. zu sigken. Diesser man, so in bedruck, der
had mir dis fordroulich angezegedt. Thw E. L.
in Gotszs suzs wefellen. Datum Kakenhaussen in
Eille Anno 56.

Wilhelm, E. L. bruder d(edit).

Nachschrift: Man bilh das forich und iczsichs in
guder act haben etc.

Nr. 27, starkes Convolut mit Aufschrift „Lif- och
Estländska handlingar från härmästerliga tiden I“,
bietet Papiere vermischten Inhalts, sowol in Ori=
ginalen wie Copien, vom 13. Jahrhundert an bis
1561. Darunter ein Brief des Generalconfessors zu
Marienthal an den zu Wadstena mit allerlei Kloster=
nachrichten von 1455 August 20. Einzelne Stücke
bei Schirren aufgeführt, so Nr. 216, 229, 264, 275.

Nr. 28, starkes Convolut, überschrieben „Lif- och
Estländska handlingar från härmästerliga tiden II“,
enthält in mehreren Unterabtheilungen, wie Undatirtes,
Livono-Polonica, Livono-Moscovitica, Padis, Falkena u. s. w., Originale und Copien vom 14. bis

16. Jahrhundert, namentlich mehrere Padissche Grenz-
sachen, im Ganzen jedoch wenig Bedeutendes. Einzelnes bei Schirren genannt, so Nr. 231, 232.

Nr. 29, mitteldickes Convolut mit Aufschrift „Lif-
och Estländska handlingar från härmästerliga
tiden III", umfaßt in den drei Packeten Diverse
Livonica 1561—1600, Livono-Polonica 1562—
1600, und Livono-Curonica 1553—1600, ebenfalls
Originale und Copien von mehr untergeordnetem
Werth, deren bei Weitem größter Theil erst nach dem
Jahre 1562 liegt.

Nr. 30 enthält unter der nicht ganz bezeichnenden
Aufschrift „Handlingar rörande Sveriges besittnings-
tagende af Estland och Lifland" Briefe vermischten
Inhalts etwa vom Jahre 1560 an bis ins 17.
Jahrhundert.

Nr. 31, verschiedene Briefschaften, welche sämmtlich
nach 1560 liegen und größtentheils den Herzog
Magnus und seine Herrschaft in Livland betreffen.
Darunter viel eigenhändige Briefe desselben.

Nr. 32, mitteldickes Convolut mit Aufschrift „Est-
och Lifl. bref till konungar af Sverige, Danmark
och Polen, odaterade, 1500-talet", darunter einige
livländische Privatbriefe, während der größte Theil sich
weder auf Livland bezieht noch von Livländern herrührt, sondern in deutschen Bittschriften besteht, die
theils aus Deutschland, theils aus Schweden an die
schwedischen Könige gerichtet worden.

Nr. 35, König Erich XIV. Livländische Registratur
von 1558—1562, dicker Folioband, enthält vortrefflich

geschriebene Copien mit und über Livland gewechselter Briefe und Actenstücke, namentlich von 1561. Vergl. Schirren S. 162, Nr. 2018.

Nr. 89, ein Convolut, das nach der Aufschrift nur spätere Sachen enthalten sollte, ergab auch eine Grenzregulirung zwischen dem Stift Curland und der Comthurei Goldingen, d. d. Pilten, 1488 Septbr. 29; ein Bekenntniß des Burkard Waldis von 1536 (Schirren Nr. 289) u. A.

Nr. 131, mit Aufschrift „Acta publica", Rigische Privilegiensammlung in 3 Foliobänden vom Jahre 1686. Vergl. Schirren S. 165, Nr. 2028. Dieselbe verdient besondere Beachtung, weil sie eine Art Ersatz bietet für das vor vollständiger Ausnutzung in Petersburg verbrannte Diplomatarium Rigense. Mehrere Urkunden, welche nur durch letzteres überliefert schienen, finden sich auch hier, z. B. das jetzt im Livld. Urk.-Buch VI, Nr. 3087, niederdeutsch abgedruckte Stück hier (I, S. 386—389) lateinisch, u. s. w.

Nr. 316, Privilegiensammlung der Estländischen Ritterschaft vom Jahre 1690. Enthält nur bekannte Stücke. Vergl. Schirren S. 164, Nr. 2025.

Nr. 320, Oeselsche Privilegiensammlung von 1646, nebst Anhängen. Verzeichnet bei Schirren S. 164, Nr. 2026. Das dort, Abtheilung 1, Nr. 10, genannte Privileg König Friedrich II. datirt aber nicht von 1572, sondern von 1574 Septbr. 19, Aarhus; ferner das, Abtheilung 2, Nr. 3, aufgeführte Patent König Sigismund Augusts nicht vom 26. October, sondern 26. Decbr 1567, Grodno.

Nr. 321, Dasselbe von 1690. Verzeichnet bei Schirren S. 164, Nr. 2027. Enthält, abgesehen von dem ersten Stück — der Gnade E.=B. Silvesters von 1457 Februar 6 — nur Urkunden, welche auch schon in der letztgenannten Nummer vorkommen.

Nr. 323, Privilegiensammlung der Livländischen Ritterschaft bis 1640. Vergl. Schirren S. 162, Nr. 2022. Bietet für die Periode der Selbständig= keit nur die bekannten, im Archiv der Ritterschaft im Original aufbewahrten Stücke.

Nr. 324, Dasselbe von 1678. Vergl. Schirren S. 163, Nr. 2023. Enthält für die ältere Zeit ebenfalls nur Bekanntes.

Nr. 325, Dasselbe von 1690. Der Inhalt bei Schirren S. 163, Nr. 2024, genau verzeichnet.

Nr. 328, Privilegiensammlung für Reval von 1668. Verzeichnet bei Schirren S. 165, Nr. 2030. Darin auch einige auf Kolk bezügliche Stücke, die mir sonst nur im Geheimarchiv zu Kopenhagen vorgekommen sind.

Nachdem bereits über 40 Blätter Privilegien aus der schwedischen Zeit geliefert worden, schließt die erste Abtheilung auf Blatt 123 mit der eigenhändigen Unterschrift Bengt Horns und der Jahreszahl 1668. Darauf, Blatt 126, Aufschrift: Deductio juris episco- palis der stadt Reval etc., nebst mehreren Stücken noch aus der Ordenszeit. Dann, Blatt 135b, Auf= schrift: Decreta Revaliensia de regimine eccle- siastico nebst drei Abkommen zwischen Rath, Gemeinde und Geistlichkeit von 1553 und 1555. Nach dieser Einschaltung folgen bis zum Schluß wieder Stücke

aus der schwedischen Zeit und auf Blatt 256 abermals die Unterschrift von B. Horn mit dem Datum:
Reval, 20. Maji 1668.

Nr. 330, Privilegien der Stadt Hapsal, darunter
auch das bei Schirren, S. 165, Nr. 2033, angeführte
Heft. Da sich dieselben Stücke vielfach wiederholen,
wurden hier nur 4 Urkunden gewonnen, darunter die
Bestätigung der städtischen Privilegien durch den
Administrator Johann von 1541 Juli 27 und durch
den Bischof Magnus von 1560 Mai 17.

Nr. 338, Privilegien der Estländischen Ritterschaft;
bei Schirren S. 166, Nr. 2038, als „Estnisches
Ritterrecht" aufgeführt. Enthält nur Bekanntes.

Nr. 342, der von Schirren, S. 171, Nr. 2061, aus-
führlich beschriebene Codex Dorpatensis Oxenstjern.
Bei der Inhaltsangabe sind jedoch zwei Nummern von
ihm übersehen worden. Auf Stück 1 folgt: Einung
von utantwortung der burenn durch den hakenn-
richter — Urkunde des B. Bartholomäus von
Dorpat (4 Blätter); auf Stück 19 ein Anhang: Dit
nafolgende sal de marckvaget underholden etc.
(2 Blätter). Außerdem lautet die Ueberschrift von
Stück 2, die Sch. unter Beifügung des sic folgendermaßen angiebt: „Huldigung und ede von etlichen
stade (sic) als naevolgt", dennoch: Huldung und
ede von etlichen stande (städe) als nac volgt.
Bemerkt sei auch, daß der ganze Codex zwar sehr
deutlich geschrieben ist, aber dennoch sehr fehlerhafte
Texte bietet und häufig starke Entstellungen, Lücken
u. s. w. enthält. Seine Wichtigkeit für die innern

Verhältnisse von Stift und Stadt Dorpat im 15. und 16. Jahrhundert ergiebt sich bereits aus dem Schirren'schen Inhaltsverzeichniß. Ich beschränke mich daher auf die Angabe, daß demselben im Ganzen 17 unbekannte Stücke entnommen wurden.

Nr. 343, Papiercodex in Folio, an mehreren Stellen defect, enthält zunächst das Mittlere Livländi= sche Ritterrecht von einer Hand etwa aus dem Anfang des 16. Jahrhunderts. Es ergiebt sich, daß diese Handschrift im Gebrauch der bischöflich=dörptschen Kanzlei gewesen ist. Auf das Rechtsbuch folgt nämlich eine Anzahl Concepte, Copien und Ueber= setzungen vornämlich mit Rußland gewechselter Corre= spondenzen, sämmtlich von 1531—1534, welche dort entstanden sind.

Obgleich unter dem hier Gewonnenen sich mehrere wesentliche Stücke finden — Gesandtschaftsanträge des Bischofs von Dorpat an den Zaren Wassili, dörptsche Bedenken gegen die russischerseits vorgeschlagene Formulirung des neuen Beifriedens nebst folgenden Verhandlungen von 1531, u. s. w. — mache ich doch auf eins völlig unpolitischen Inhalts aufmerksam, das sogar zum guten Theil nur von einem Kamel und Kalkuhn handelt, trotzdem aber durchaus nicht zu dem Langweiligsten gehört, was uns in Archiven begegnen kann. Es ist das Concept eines Briefs des B. Johann von Dorpat an den Fürsten Michael Glinski, den Großoheim des jungen Zaren Iwan und damaligen Leiter des moskauschen Staats, vom 10. März 1534. Der Fürst Michael ist mir bereits früher in mehreren

ruffifchen, dem rigifchen Rathsarchiv angehörigen
Schreiben begegnet, in denen er feinem Boten, dem
zarifchen Dolmetfcher Jftoma Maly, beim Antauf
„guter, frifcher und feiner (des Schreibers) Gefundheit
zuträglicher Arzeneifräuter" behilflich zu fein bittet.
Er zeigte fich dort als Mann von weftlicher Bildung,
indem er einen der Briefe mit der eigenhändigen
Unterfchrift Michel dux manu proprya geziert hat.
Jn vorftehendem nun dankt der Bifchof zunächft
für die Zufendung „eynes theurbarn und in diesen
landen gar seltzamen und wunderbarlichen Taters
dierths, auff Teutzsch camell geheissen", das ihm
durch des Fürften Diener Stepan überbracht worden.
Den Wunfch jenes, ihm zwei kleine filberne Drahtringe,
die man aus England vom Grabe des heiligen Königs
Eduard bringe und die gegen St. Valentins Seuche
dienen, zuzufchicken, könne er augenblicklich nicht er-
füllen, hoffe fie aber im Sommer an den Statthalter
von Plestau zu befördern. Jnzwifchen fende er zwei,
von ihm felbft aus Cöln mitgebrachte Pfennige, durch
welche Nägel vom Kreuze Chrifti gefchlagen und die,
wenn der Kranke fie um den Hals hänge oder in
der Hand erwarmen laffe, diefelbe Wirkung thäten.
Als Gegengefchenk bietet er „ein feltfames Thier, genannt ein Calkunifch Thier, das in einem neuen
Lande erfunden worden. Und ift unfers Erachtens ein
gar frommes, biderbes, fpöttifches Thier und voller
Poffen"; dann einen Ring von feiner Hand, den er
den Empfänger, falls er ihm zu klein fein follte, in
feinem Namen der Fürftin zu überreichen bittet, ferner

ein Jagdmesser, Confect, u. s. w. „Wäre seine Liebe
auch etzliche Bücher, darin kurzweilige lustige Teutsche
Geschichten und Historien verfasset, zu lesen begierig,
und sonderlich Ephemeriden, oder dieselbe sonst an
allerlei Kräutern etwas begehrte", solle sie dies nur
des Bischofs lieben Getreuen Jacob Krabbeth — der
früher des Fürsten Diener gewesen — melden. Dieser
freundschaftliche Gaben= und Gedankenaustausch muß
bald darauf durch den plötzlichen Sturz des Fürsten
unterbrochen worden sein.

Nr. 384, Papiercodex von 83 Blättern Folio mit
Aufschrift „Rigische Sachen". Beschrieben bei Schirren
S. 161, Nr. 2016, wo indeß das erste Stück, ein
undatirter Vertrag zwischen dem E.=B. Silvester und
dem D.=M. Bernt v. d. Borch, übersehen ist; ferner
benützt von Styffe für zwei Nummern seines Bidrag etc.
(IV, Nr. 28 und 32). Enthält beinah nur Sachen,
die sich auf das Verhältniß des Erzstifts und der
Stadt Riga zu Schweden vom 15.—17. Jahrhundert
beziehen. Angelegt nicht vor und wahrscheinlich im
Jahre 1605. Von dieser Hand aus dem 17. Jahr=
hundert rühren indeß nur Register, 4 Stücke zu
Anfang und die Briefe Karl IX. an Riga von 1601
bis 1605 zum Schlusse her, während im Uebrigen
Originale oder gleichzeitige Copien hier vereinigt
sind. Entnommen wurde diesem Codex ein Schutz=
brief König Erich des Pommern für das Erzstift Riga
von 1421 September 24; der oben bereits genannte,
um 1474 zu setzende Vertrag zwischen Erzbischof und
Ordensmeister (der übrigens mit Index 2067 nicht

zusammenfällt); eine Darstellung der Irrungen der
Stadt Riga mit dem Ritter Erich Flemming, etwa
von 1532, u. A.

Nr. 433, starker Band mit Correspondenzen des
revalschen Raths und dortiger Corporationen mit den
schwedischen Königen aus dem 17. Jahrhundert. Hier
und da sind ältere Sachen als Beilagen mitgetheilt,
so z. B. zu Anfang ein Schreiben der Olai= und
Kanutigilde an den Ordensmeister von 1545
September 7.

Nr. 491, beglaubigte Sammlung der Narvaschen
Privilegien vom Ende des 17. Jahrhunderts, Band
in rothem Leder, 537 Seiten Folio. Aufgeführt bei
Schirren S. 165, Nr. 2032. Dieser Codex, der
außer eigentlichen Privilegien noch mehrere, einem
Protocollbuch des Raths entnommene Stücke ent=
hält, ergab für die ältere Periode 13 unbekannte
Nummern. Von diesem kleinen, glücklich geretteten
Rest Narvaschen Schriftthums mögen hier kurze
Inhaltsangaben folgen:

1) O.=M. Wennemar v. Brüggeney erweitert die
   Narvasche Stadtmark; Wenden, 1399 October 20.

2) O.=M. Cise v. Rutenberg verleiht der Stadt die
   Wage und das Recht auf den halben Narvastrom;
   Narva, 1425 August 24.

3) Derselbe verleiht ihr ein Wachssiegel und die
   damit verbundenen Gerechtsame; Walk, 1426
   Januar 17.

4) O.=M. Johann von Mengede bestimmt gelegentlich

eines Streits des Raths mit zwei Bürgern die Grenzen der Competenz des ersteren; Wenden, 1457 September 11.

5) D.-M. Walther von Plettenberg bestätigt die Privilegien der Stadt und verleiht ihr die Fischerei im Meere; Rujen, 1503 März 21.

6) Item dat isz dee herligheit desz werdigen herrn huszkumpters und dat gerichte, he in dem rade thor Narve hefft. Vor 1508. („Ausz dem alten Niedersächsischen ... Protocoll gezogen" und dieselbe Bemerkung bei NNr. 8—10.)

7) Der Ordensvoigt Johann Niegerod errichtet einen Vergleich zwischen dem Hauscomthur und dem Rath zu Narva wegen der Gerichtsgefälle; Narva, 1508 April 13.

8) Die Voigte von Wesenberg und Selburg u. s. w. vergleichen den Rath von Narva mit dem Voigte von Nyenslot und den Guten Mannen von Jewe in Betreff der Abgaben von der Fischerei; Narva, 1518, Januar 20.

9) Rathsprotocoll aus der Fastenzeit 1527, enthaltend den Beschluß, sich in Betreff Ausantwortung entlaufener Bauern wie der Rath von Reval und gemäß dem Lübischen Rechte zu verhalten.

10) Der Rath regelt die Verhältnisse des Salzhandels und die Abgaben an die Wage und die Träger; 1529 Januar 16.

11) D.-M. Plettenberg bestimmt, daß die Bauern um

Narva nicht mit den Russen handeln, sondern ihre Waaren in der Stadt zu Markt bringen sollen; Wolmar, 1532 März 7.

12) O.-M. Heinrich von Galen bestätigt die Gerecht-same der Stadt; Rujen, 1552 Juli 26.

13) Acht benannte Commissarien des Ordensmeisters vergleichen den in Anlaß eines Auflaufs zwischen Voigt und Rath entstandenen Zwist; Narva, 1555 März 21.

Einige weitere Nummern der Abtheilung Livonica ergaben durchgehend nur Geringfügiges für unsere Zeit. Die auf Gütergeschichte bezüglichen Convolute 529—554 enthalten allerdings auch ältere Sachen, die aber nur selten privates Interesse überschreiten.

Die Zahl der übrigen Abtheilungen des Reichs-archivs, die durchgesehen wurden und mir ebenfalls Beiträge lieferten, ist zwar recht groß, doch erscheinen die hier gemachten Funde an Zahl und Werth neben dem bisher Besprochenen nicht bedeutend genug, um ein längeres Verweilen bei denselben zu rechtfertigen. Ich beschränke mich daher auf eine summarische Uebersicht:

Biskop Magni Copie-Bok, Copialbuch der Aboer Kirche, in den letzten Jahren des 15. oder den ersten des 16. Jahrhunderts angelegt, Papiercodex in Quarto von augenblicklich noch 90 Blättern. Ent-hält 9 Livonica, nach denen freilich nur sechs der unzuverlässigen Abdrücke bei Arwidsson, Handlingar till upplysning af Finlands häfder (I, Nr. 44—46, 80 und S. 324 und 326) durchcorrigirt und drei

Nummern in den Handlingar rörande Skandinaviens Historia (XXII, S. 27, 30 u. 57) durchgesehen werden konnten.

Die Schwedische Reichs-Registratur beginnt mit Gustav I. Regierung, doch sind für seine Zeit die die ausländische Correspondenz umfassenden Bände verloren gegangen. Die erhaltenen beziehen sich durchgehend auf die innern Angelegenheiten und bieten nur ausnahmsweise Anderweitiges. Von der Durchsicht der ersten Bände bis 1529, welche bereits durch Granlund veröffentlicht sind, wurde Abstand genommen, und von den sieben nächstfolgenden (1529—1543 Anfang) ergab auch nur der von 1531—1534 drei schwedische Briefe an Friedrich I. von Dänemark, Erich Flemming und Niels Grabbe, ferner der von 1531—1536 einen lateinischen und einen schwedischen an Reval, die für uns in Betracht kommen. Reichhaltiger für die livländischen Angelegenheiten wird die Sammlung von 1558 an, so daß ich beispielsweise für dieses Jahr 15 Nummern zähle.

Briefe Gustav I. und im Anhange Briefe Herzog Erichs. Unter ihnen auch mehrere der livländischen Abtheilung entnommene, die zum Theil bei Schirren verzeichnet sind, z. B. Nr. 370 und 415.

Briefe Gustav I. mit Beilagen, 2 Convolute. In dem ersten eine Vollmacht für die königlichen Gesandten zum Abschluß eines Bündnisses mit dem Ordensmeister von 1540 August 2; in dem zweiten mehrere uns interessirende Briefe von 1554, 1555, 1559 und namentlich 1560.

Titulatur-Register zu Gustav I., Erich XIV.,
Johanns und Karl IX. Registratur, enthält kurze
Inhaltsangaben der in der Registratur copirten Stücke,
die bei dem oben erwähnten Verluste sich doch öfters
brauchbar erweisen. Für die Jahre 1523—1535
wurden daraus 21 Regesten gewonnen.

Acta Historica från Gustaf I. tid, mehrere Convolute, deren Livonica jetzt der Abtheilung Livland ein-
gefügt werden sollen. Darunter befanden sich Briefe
des Markgrafen Wilhelm an den Grafen von Hoya zu
Wiborg von 1533; Supplication Conrad Uexkülls an
Gustav I. wegen seiner Beschwerden gegen Reval, und
„Grundtlicher und bestendiger kegenbericht" etc.
des Raths hierauf, beides von 1517. — Weiterhin
sind namentlich die Convolute „Rådslag under
konung Gustaf I. regering" und „Rådslag under
konung Erik XIV. regering" von Wichtigkeit.

Caesariana von 1451 bis ins 17. Jahrhundert.
Unter diesen kaiserlichen Erlassen findet sich für das
16. Jahrhundert nur Livländisches, das dem Ordensarchiv entnommen ist. Bis 1553 wurden 8 Stücke
gewonnen, darunter ein Schutzbrief König Ferdinands
für den O.-M. Hermann v. Brüggeney, d. d. Inns-
bruck, 1536 April 26; ein weiterer Karl V. für denselben, d. d. Barcelona, 1538 Februar 28; dann der
Befehl Karl V. an die Wendischen Städte, den
Orden zu unterstützen, d. d. Barcelona, 1538 März 1.

Litterae virorum illustrium, darunter nur
ein auf Livland bezüglicher Brief, Band I fol. 603—604,
übrigens keines vir illuster, sondern des Stud.

Matthäus Schöfferus, der von dem O.-M. Heinrich von Galen Geld zu erlangen sucht.

Die 4 Convolute Ingrica betreffen zumeist Narwa, demnächst Nyen, Nyenschanz und Kexholm, enthalten aber erst Sachen aus dem 17. Jahrhundert.

Auch unter den Moscovitica, Polonica und Warmiensia fand sich mehreres Livländische, z. B. polnisch-livländische Correspondenzen von 1504, 1505 und 1532, eine königliche Vollmacht zur Regulirung der Grenze von 1545 März 27 u. s. w. Einzelnes davon ist jetzt unter die Livonica vertheilt worden.

Die Oxenstjernska Samling bildet eine besondere und umfangreiche Abtheilung des Archivs, die früher auch viel Livländisches enthielt, das aber bereits durchgängig den Livonica eingeordnet ist. Augenblicklich zeigten sich nur 2 Convolute für unsere Zwecke ergiebig, nämlich:

„Handlingar om Lifland 1561—1623“, die mit einigen Stücken von 1556 beginnen. Ferner fand sich darin ein Copialheft Uexküllscher Familienurkunden aus dem Anfang des 17. Jahrhunderts, dem folgende entnommen wurde: B. Dietrich von Dorpat verlehnt den Brüdern Hermann und Otto Uexküll, Rittern, in Anerkennung der Dienste, die ersterer ihm als Hauptmann im letzten Kriege geleistet, „dat borchsete“ in der Vorburg zu Odempe, „dat en afgegangen was in Hekedes orloge“, und vergiebt ihnen Alles, was sie mit Worten und Thaten gegen ihn und seine Kirche begangen; Dorpat, 1398 Juli 19.

„Handlingar rörande K. Gustaf I. och K. Erik XIV.

4*

rogering." Enthalten einige Briefe Erichs und Herzog Johanns an König Sigismund August vom December 1561 und Januar 1562, die Livland betreffen.

Schließlich sei noch mit einigen Worten an 4 aus
dem Kammer= an das Reichsarchiv abgelieferte Wiek=
sche Wacken=, Einnahme= und Ausgabebücher
erinnert, die sich vor ähnlichen bekannt gewordenen
durch verhältnißmäßig hohes Alter auszeichnen.

1) Dickes Heft Papier in schmalem Folio in Perga-
mentumschlag. Verzeichnet die Einnahmen an Zent=
geld in Leal, Haunenorm, Roppell, Fidder, Filknll
und Haell, sowie die Vertheilung des „offergelths"
an die bischöflichen Officialen auf den Häusern und
Höfen Leal, Kokenka, Auder, Lode und Hapsal von
1500 bis in die vierziger Jahre desselben Jahrhunderts.

Im Jahre 1539 werden bei letzterer Gelegen=
heit auf Hapsal folgende Beamte genannt: vaget,
lantschriver, schencke, droste; dann von Stadt=
junkern (zum Theil mit dem Amte, zum Theil dem
Namen bezeichnet): haverichter, Frantz Blom-
berch, Joh. Mex, Reinhold Tidfer, Didrick
Gilsen, kökemeister, moeszgever (Verwalter der
Vorrathskammer), vorschnider, rustmester, jeger-
mester, kemerer, Kersten Soye, Hermen Strieck,
Joh. Todwen, Laurentz Soye, Joh. Folckersam,
Christoffer Overdungk, Joh. Wedberch und
Jurgen Bremen; außerdem 9 Tafeldiener und eine
große Anzahl „gemeine dener". Zuweilen finden sich
auch Kanzlei und Musikanten.

2) Mitteldickes Heft Papier in schmalem Folio und

Pergamentumfchlag, ein Wackenbuch des Officium
Leal von 1518—1544.

3) Dickes Heft Papier in schmalem Folio und Per=
gamentumschlag. Berichtet in seinem ersten Theil
über die Abhaltung der sog. Estnischen oder Un=
deutschen Wacken in 16, und zuweilen 17 Land=
districten der Wiek von 1511—1544, in seinem
zweiten über die der waccuae Swecorum auf
Wormsze, Nucke und Eylandth von 1507—1544.
Als Beispiel folge hier die schwedische Herbstwacke
von 1519.

Anno etc. 19 die Lune post Lamberti tenta
est waccua estivalis Swecorum in hunc, qui
sequitur, modum.

Wormesze: Ex ambabus waccuis 41 cascos,
de unipedibus 3½ marcam, schultfische 800,
fersche hekede 78, 50 dorsch und 3 steen-
butten; de judicio 35 marcas, 1 fertonem,
2 botlinge (1 graw, 1 with), 19 honer, 100
eyger, 90 droge hekede.

Nucke: Ex ambabus waccuis 26 caseos, de
unipedibus 6 solidos, fersche hekede 90, de
judicio 10½ marcam, 4 grawe botlinge, an
droghen hekeden 50, an honer 20, an eyger 60.

Eylandth: De unipedibus 12½ marcam minus
4 solidis, ex ambabus waccuis 36 kesze,
ferssche hekede 117, 1 steenbutte und 1 lasz-
forenn (wol laszforelle), de judicio 32 marcas
minus 1 fertone, 2 grawe botlinge, 70 hekede,
15 honer, 60 eyger.

Am Rande bemerkt: Odeszholm debetur 1 kesze.

4) Dickes Heft Papier in schmalem Folio, in Um=
schlag von braunem Leder. Ein Wieksches Wacken=
buch von 1546—1563, und Fortsetzung des vorigen.
Wie dieses enthält es im ersten Theil die waccuae
Estonum auf dem Festlande, im zweiten die
waccuae Swecorum auf den Inseln.

Ueber die Livonica der königlichen Bibliothek
zu Stockholm hat Schirren theilweise sehr ausführ=
lich gehaltene, vornämlich auf zwei Miscellanbände
zurückgehende Nachrichten veröffentlicht. Auf Einiges
darunter könnten wir ohne Schaden verzichten. So
wird S. 190 ff. Nr. 1—20 auf Urkundencopien auf=
merksam gemacht, von denen 16 in jedem Falle werth=
los wären, da die bezüglichen Originale theils im
Innern Rigischen Rathsarchiv theils im Schwedischen
Reichsarchiv sich erhalten haben. Vor Allem aber habe
ich zu bemerken, daß sich die NNr. 7, 8 und 10 - 19
überhaupt nicht — wie nach ihrer Aufzählung an dieser
Stelle nothwendig vorausgesetzt werden muß — in voll=
ständigen Abschriften, sondern nur in Form der ge=
lieferten Regesten vorfinden.

Im Einzelnen erwähne ich, daß Nr. 6, welche
schlechtweg als Urkunde Detmar Repers vom Abend
vor Allerheiligen 1484 bezeichnet wird, eine Quittung
des Decans über acht vom rigischen Rath geliehene
Büchsen enthält und vom Sonnabend vor Aller=
heiligen datirt. Nr. 9 soll die Erhebung Georgs von
Ungern durch Karl V. in den Freiherrnstand sein;
ich finde hier nur, daß der Kaiser denselben sammt

Familie und Besitz in seine und des Reichs „sonder
gnadt, vorspruch, schutz und schirm" aufnimmt
(vergl. Inder 3040). Nr. 14 scheint unbekannt zu
sein, doch erfahren wir eine Enttäuschung. Es ist
hier von Schirren ein Regest mit dem Datum des
nächstfolgenden, sonst übersehenen zusammengeworfen
worden. Nr. 14 datirt vom Sonntage nach Luciae
1546 (Inder 3525) und erst die darauffolgende über=
schlagene Nummer — die Bestätigung der rigischen
Privilegien durch den Coadjutor Recke (Inder 3527) —
vom Freitag nach Pauli Bekehrung 1547. Nr. 20,
„Eine Urkunde E.=B. Wilhelms", ist die Schuld=
verschreibung desselben an Riga über 10,000 Mark
nebst Verpfändung des Steinholms. Nr. 26, „Ur=
kunde des Königs Sigismund III. (auf Riga bezüg=
lich)" rührt von Sigismund August, Lublin, 1569
März 2, her und enthält die Bestätigung der Ver=
leihung des Steinholms u. s. w. durch Chodkiewicz an
Joh. Beuring. Die in Nr. 38 (S. 193 ff.) abge=
druckte lange Specification ist nur Copie eines Ur=
kundenverzeichnisses, das sich in der früher genannten
Rigischen Privilegiensammlung des Reichsarchivs (Con=
volut 131, Tom. I, S. 318 ff.) findet, wo aber auf
dasselbe Abschriften der Urkunden folgen.

Im Ganzen tritt uns aus dem Schirren'schen Ver=
zeichniß eine betrübende Armuth der Bibliothek an
älteren livländischen Sachen entgegen. Nach den jetzt
gewonnenen Ergebnissen erscheint die Sachlage vielfach
in weit günstigerem Lichte.

Zunächst wurde nach der, Danica A. 41 bezeichneten,

auch bei Schirren S. 210, Nr. 101 aufgeführten
Handschrift des Liber Census Daniae der auf Estland
bezügliche, dem 1. Bande des Urkunden-Buchs litho-
graphisch beigegebene Abschnitt durchgesehen und dabei
zwei Lücken ergänzt und mehrfache Verbesserungen angebracht. Auch das hübsche Facsimile dieses Theils des
Liber Census Daniae in den Antiquités Russes ist
keineswegs ganz genau. Freilich muß ich gestehen,
daß in der elegant geschriebenen Vorlage gewisse
Buchstaben nicht mit Sicherheit zu unterscheiden sind.

Ferner konnte nach dem hier befindlichen Manuscript
der Neueren oder Revidirten Skra von New-
gorod, das mehrfache Abweichungen von dem durch
Sartorius-Lappenberg benutzten Lübecker aufweist, eine
ganze Reihe auch in den 6. Band des Urkunden-Buchs
übergegangener Willküren des Newgeroder Kontors
verglichen und eine von 1466 März 16 ihm neu
entnommen werden.

Zwei Codices von Wadstena A. 23 und
A. 26, wurden wegen der engen Verbindung des
Mutterklosters mit dem revalschen Marienthal durch-
gesehen, und wenigstens der erstere ergab eine Bulle
Martin V. von 1423 December 15, durch welche die
ursprüngliche Brigittinerregel in fünf Klöstern des
Ordens, darunter in dem uns interessirenden, wieder-
hergestellt wird.

Vielfach seit geraumer Zeit benutzt ist das
Registrum ecclesiae Aboensis (Svartboken),
ein während des ganzen 15. und zu Anfang des
16. Jahrhunderts geführtes Copialbuch der Kirche von

Åbo, Papiercodex von augenblicklich 283 benutzten Blättern Fol. in Schwarzlederband. Dasselbe enthält 33 für uns in Betracht kommende Stücke, welche bis auf die 4 ersten (s. über diese Livld. U.-B. 3, Nr 100ᵃ; l. c. 1, Nr. 128; Porthan, Chronicon episcoporum Finland. S. 365, Anm. 325; Livld. U.-B. 3, Regg. 1336) sich durchgehend auf die dem Kloster Padis in Finnland verliehenen Gerechtsame, namentlich die Kirche zu Borgå und den Lachsfang zu Helsinga, beziehen. Da diese Rechte zu Anfang des 15. Jahrhunderts an die Kirche von Åbo veräußert wurden, haben die Urkunden hier Aufnahme gefunden. Durch das Diplomatarium Svecanum und namentlich Porthans Sylloge Monumentorum ist nun der größte Theil auch unserem Urkunden-Buche zugänglich geworden. Mir blieb aber ein Rest von 11 für dasselbe noch zu verwerthenden Stücken aus den Jahren 1357, 1371, 1399, 1422—1424, 1428 und 1429, von denen allerdings zwei im Urkk.-Buche schon in Regestenform verzeichnet (2, Regg. 1141 und 4, Regg. 1799) und drei bei Porthan (Sylloge Nr. 41—43) gedruckt sind.

Einen kleinen Schatz für die livländische Geschichte, der aber bisher völlig unbeachtet geblieben ist, besitzt die Bibliothek endlich an dem umfangreichen, „Livonica och Estonica ur Kammer-Arkivet, 1852" überschriebenen Convolute. Dasselbe ergab zunächst eine Anzahl Originale, gleichzeitige Copien und Entwürfe herrmeisterlicher Schreiben von 1549 ff., dann sechs herrmeisterliche Copial- und

Conceptbücher, resp. Fragmente solcher, aus dem 16. Jahrhundert. Nur das älteste konnte bisher vollständig, die übrigen nur für einzelne Partien ausgenutzt werden. Kurze Beschreibungen und Inhaltsangaben mögen hier jedoch von allen folgen.

Herrmeisterliches Conceptbuch von 1533 bis 1535, Papierheft von jetzt 81 Blättern Fol., zu Anfang und Ende defect, enthält Legationssachen und Briefe, die sich fast ausschließlich auf die damalige oeselsche Fehde beziehen, namentlich Verhandlungen mit Polen, dem Herzog von Preußen, dem C.=B. Thomas und dem Markgrafen Wilhelm. Da nicht alle Seiten benutzt sind, dieselben Stücke mehrfach in einem ersten und zweiten Entwurfe wiederkehren, dazu Einiges bereits anderweitig, aus dem Schwedischen Reichsarchiv, dem Copialbuch des Jacobus Barns u. A. zugänglich war, konnten im Ganzen nur 18, allerdings durchgängig sehr umfangreiche Nummern hier neu gewonnen werden.

Herrmeisterliches Copialbuch von 1541 bis 1544. Papiercodex von 112 Blättern Fol., Umschlag abgerissen, vielleicht zu Anfang und Ende unvollständig, jedenfalls mit Lücken in der Mitte; an den Rändern stark vermodert, wodurch der Text jedoch nur wenig gelitten hat. In einer ersten Abtheilung von 52 Blättern, welche die Ueberschrift trägt „Ann denn ertzbisschop tho Riga", finden sich Briefe an denselben, beiderseitige Gesandtenanträge und nebenher Verhandlungen mit den erzstiftischen Ständen. Erstes

Stück: Brief des Ordensmeisters d. d. Ergemis, Donnerstags nach Petri und Pauli anno 41; letztes: ein undatirter Gesandtenantrag an den Erzbischof, wol von 1514 Anfang, da das vorausgehende Stück vom Montag nach Dorotheæ 1544 herrührt. — Die zweite Abtheilung von jetzt 60 Blättern, zwischen denen eine größere Lücke, hat die Ueberschrift „Ahnn den heren tho Dorpth" und umfaßt den brieflichen und Gesandtenverkehr mit diesem. Erstes Stück: Brief des OrdensMeisters d. d. Wenden, Montag nach Annunciationis Mariæ 1541; letztes: von Mittwoch nach Petri et Pauli 1543.

Die Correspondenz mit dem E.-B. Wilhelm berührt alle wichtigeren Fragen der inneren und äußeren Politik: die Verhandlungen mit Polen, Moskau und dem Deutschen Reich (namentlich wegen der Türkensteuer), die Landtage, das Verhältniß beider Herren zu Riga, den bekannten Proceß des O.-M's mit Durkop und Giseler, endlich auch einige Privatsachen. — Der Verkehr mit dem Bischof von Dorpat liefert u. A. wesentliche Beiträge zur Geschichte der letzten Streitigkeiten B. Reinholds von Oesel mit seinen Ständen und den anderen Landesherren.

Herrmeisterliches Copialbuch von 1518—1549, eine Lage Papier von 20 Blättern Folio, die nicht alle benutzt, ohne Umschlag, auf dem Titelblatte „An die stadt Riga, anno etc. 48". Enthält 17 Briefe vornämlich an Riga, einige an Riga und Reval, dann an Pernau, zum Schluß mehrere an Wenden. Erstes Stück: An die Rigischenn von Burthnick, 1548

December 28; leßtes: An Wenden, d. d. Ergemis,
1548 Juni 11. Die Briefe an Riga betreffen das
kaiserliche Interim, die Kolkschen Händel, den russischen
Verkehr u. s. w.; die an Wenden großen Theils
Privatsachen.

Herrmeisterliches Copialbuch von 1548—1551,
eine Lage Papier von 36 Blättern Folio, von denen
22 benußt sind, ohne Umschlag, namentlich am oberen
Rande stark vermodert und dadurch zu Anfang der Text
theilweise zerstört. Auf dem ersten Blatte: An den
heren ertzbischoff, 48. Umfaßt 19 Briefe, unter
ihnen mehrere sehr umfangreiche. Erstes Stück: An
den Erzbischof (1548) Januar 21; leßtes: an denselben, d. d. Wolmar, 1551, Montag nach Lichtmeß.
— Behandeln namentlich das Verhältniß des Erzbischofs
zur Stadt Riga, die Lage gegenüber Rußland, die
Sache des Hans Schlitte und bringen eingehende Be-
sprechungen der den Landtagen vorzulegenden Fragen.

Herrmeisterliches Copialbuch von 1548—1551,
zwei dicke Lagen Papier Fol., von denen aber nur
21 Blätter benußt sind, Anfang weggerissen, Umschlag
nicht vorhanden. Umfaßt in der ersten, defecten Abtheilung noch 5 herrmeisterliche Briefe an Riga von
1549—1551; in der zweiten, die die Ueberschrift trägt
„An die stadt Revall anno etc. 48“, 18 Stücke,
meist Briefe des Meisters an Reval von 1548—1551,
dazwischen zwei an den Comthur daselbst und ein ein-
gegangenes revalsches Originalschreiben. — Die rigische
Correspondenz bezieht sich auf Privatsachen; die revalsche

auf Hans Schlitte, die russische Kirche zu Reval, den
Streit der Stadt mit Conrad Uexküll u. s. w.

Herrmeisterliches Concept= und Copialbuch
von 1550—1551, stärkerer Band Folio, in dem
129 Blätter benutzt sind, Umschlag abgerissen. Bietet
hauptsächlich ausgegangene Correspondenz u. s. w. in
Copien, Concepten und eingehefteten, in Concepte ver=
wandelten Originalen; daneben, besonders gegen Schluß,
auch eingegangene und zwar sowol in Copien wie in
eingehefteten Originalen. — Die abgesandten Briefe sind
an die verschiedensten Adressen gerichtet, den Erzbischof,
die Bischöfe, Ordensherren, Städte und Private, und
sehr mannigfaltigen Inhalts. Einen nicht geringen
Theil des Bandes bilden richterliche Entscheidungen
des Ordensmeisters in Privatrechtsstreitigkeiten.

Die im Besitz des National=Museums zu Stock=
holm befindlichen, höchst umfangreichen Peringskjöld=
schen, Örnhjelmschen und Broocmanschen Abschriften=
sammlungen ergaben zwar auch viele Livonica, dar=
unter aber nur einige unbedeutende Stücke, welche mir
nicht bereits anderweitig zugänglich gewesen waren.
So wurde aus dieser Durchsicht nicht viel mehr als
die Beruhigung gewonnen, auch das seit längerer Zeit
allgemein Zugängliche in gewisser Vollständigkeit ge=
sammelt zu haben.

Von den vorübergehend dort aufbewahrten Ur=
(kunden der Domkirche zu Wisby benutzte ich
5 aus dem Anfang des 14. Jahrhunderts, die für uns
in Betracht kommend und im Diplomatarium Svecanum
III, NNr. 2114, 2362, 2412, 2469, 2470) ver=

öffentlicht. in unserm Urkunden-Buche gleichwol nicht berücksichtigt sind.

Unter jenen befand sich aber auch ein unbekanntes, höchst merkwürdiges Stück, ein Originalbrief auf Pergament vom Februar 1229 aus Jerusalem. In demselben schildert der Theilnehmer an dem Kreuzzuge Friedrich II., der Herzog Albert von Sachsen, den Revalensern die letzten Vorgänge in Palästina, die dem Kaiser den Besitz der heiligen Stadt eintrugen. Das Pergament ist jetzt übrigens derart vermodert und durchlöchert, daß mir eine von Langebek 1753 genommene Abschrift, die sich später im Geheimarchiv zu Kopenhagen fand, sehr erwünscht kam. Der Brief beginnt folgendermaßen: A(lbertus) Dei paciencia dux Saxonie, universis Cristi fidelibus Revalie manentibus sinceram animi constantiam et indefesse dileccionis plenitudinem. Nescit eclipsin dileccio, quam mutuo generavit devocio. Hinc est, quod vestram nolumus latere discrecionem de quibusdam gestis et Dei magnaliis versus Jherusalem etc. Schluß: Datum in civitate sancta Jerusalem xviij kalendas Marcii (sic).

Das Archiv des schwedischen Kammer-Collegiums, aus dem Schirren für die spätere Zeit schätzbare Materialien aufführen konnte, sowie das Stockholmer Stadtarchiv, das sich einen nur spärlichen Rest mittelalterlicher Urkunden erhalten hat, erwiesen sich für meine jetzigen Aufgaben unergiebig.

Während mehrtägiger Anwesenheit in Upsala wurden die Sammlungen der dortigen Universitätsbibliothek für ältere livländische Geschichte vollständig ausgebeutet.

An Pergamenturkunden fand sich außer den 12 bei
Schirren bereits verzeichneten (S. 213—214) freilich
nur eine, die dazu in der Abhandlung von Schröder,
De possessionibus Ordinis Theutonici in Suecia
bereits veröffentlicht ist. Sie enthält den Verkauf
sämmtlicher Besitzungen des Ordens in Schweden durch
den Meister Joh. von Mengden an Erik Axelson,
d. d. Reval, 1467 März 31.

An Papierurkunden lag mir namentlich ein in neuerer
Zeit an die Bibliothek gelangtes, ursprünglich dem
Ordensarchiv angehöriges Convolut an die Meister
gerichteter Originale und in ihrer Kanzlei ausgefertigter
Concepte aus dem 16. Jahrhundert vor. Unter den 19
daraus gewonnenen Stücken finden sich Correspondenzen
mit dem Hochmeister Albrecht und dem Comthur von
Memel von 1515 und 1516; ein russisches Schreiben
des Zaren Wassili an Plettenberg mit dem Gesuch,
seinen Gesandten an den Kaiser, Jelijar Sergejew,
weiter zum Hochmeister zu befördern, d. d. Moskau,
1515 Novbr.; der jenem darauf durch Livland und
Kurland ertheilte Geleitsbrief von 1516, Januar;
Schreiben verschiedener Comthure von 1553; ein Brief
des Tarquinius Schnellenborch, Med. Doctor zu Riga,
von 1553 an seinen Patron und Landsmann, den
Comthur von Dünaburg Wilhelm Fürstenberg, mit
welchem er 10 Exemplare seines ihm dedicirten
„Almanach und Practicka auff das 54. jar" über-
sendet; endlich ein schwedisches Protocoll über das
1559 mit dem Revalenser Boismann, der auf schwedischen Gewässern gegen die Russen gefreibentert, an-

gestellte Zeugenverhör unter der Ueberschrift: Bertill
Budzmandz berettelse, huruledes han hade handlet
medt Rydzserne på Kongl. Ma⸗ etc. strömer
anno etc. 58 huilken berettelse han giordde then
31. Januarii, på Ulffzsund anno etc. 59.

Der Codex Wadstenensis Nr. 6 lieferte einen
Reisepaß des Klosters Mariendal für den Mitbruder
Wilhelm von 1420 Mai 21, und einen Brief des
Confessors zu Wadstena an den zu Mariendal von
1424 October 22 — letzterer gedruckt bei Benzelius,
Diarium Vazstenense S. 203.

Die zweibändige Sammlung Originalbriefe an den
Bischof von Culm Johannes Dantiscus ergab (Bd. I,
Bl. 76—79) einen im schwülstigsten Latein gehaltenen
des rigischen Propsts Heinemann Rode, d. d. Dalen 1532
Januar 15, in welchem er um Beistand gegen den
„calumniator ac sycophanta egregius Antonius Mor-
genstern" bittet, der nach der Präpositur strebe und darin
— ut semper suum Absalonem invenit versutus Achi-
tophel — von dem Coadjutor Wilhelm unterstützt werde.

Von bei Schirren nicht genannten Codices mögen
erwähnt werden:

Eine im Jahre 1648 veranstaltete, beglaubigte
Sammlung Rigischer Privilegien, überschrieben
‚Privilegier gifne staden Riga ifran äldre tider",
Band in schwarzem Leder mit Goldschnitt von 18 un-
paginirten und 326 paginirten Seiten Folio. Be-
ginnt mit der Cautio Radziviliana und schließt mit
der Generalconfirmation aller Privilegien durch die
Königin Christine von 1647 Mai 8.

Eine Sammlung Oeselscher Privilegien aus der Mitte des 17. Jahrhunderts, dünner unpaginirter Folioband in Pergament. Enthält in einer 1. Abtheilung 12 Privilegien der öselschen Ritterschaft, von denen die 11 ersten identisch sind mit den im Reichsarchiv, Convolut 320, vorkommenden und bei Schirren S. 164, Nr. 2026, Abthlg. 1, aufgezählten. Dazu kommt als Nr. 12 das Privilegium der Königin Christine, d. d. Stockholm, 1646 August 13.

Die 2. Abtheilung wird gebildet durch 7 Privilegien für Rath und Bürgerschaft von Arensburg.

1) Das des Herzoge Magnus, d. d. Pilten, 1563 Mai 8.

2) König Friedrich II. von Dänemark, d. d. Aarhus, 1574 September 19.

3) Recess königl. dänischer Gesandten nach Ruszlandt (nämlich Jacob Ulfeldts, Greger Ulcfstands und Axel Ugrups) d. d. Arensburg, 1578 November 18. Regelt das Verhältniß zwischen Landschaft und Stadt, enthält Polizeivorschriften u. s. w.

4) Privileg König Christian IV. von Dänemark, d. d. Kopenhagen, 1624 October 28.

5) Das der Königin Christine von Schweden, d. d. Stockholm, 1646 August 13.

6) König Christian IV. von Dänemark für die Schneider, Hufschmiede, Tischler und Schuster zu Arensburg, d. d. Kopenhagen, 1642 November 17.

7) Desselben für die Hutmacher zu Arensburg, d. d. Kopenhagen, 1642 November 17.

Protokoll der im Jahre 1589 nach Riga abgesandten polnischen Revisionscommission, gleich-

5

zeitige saubere Abschrift von polnischer Hand, mittel-
dicker unpaginirter Folioband in Pergament. Beginnt
mit der königlichen Instruction für die Commissarien
und schließt mit dem Protokoll vom 4. September 1589.

Endlich sei zu der von Schirren, S. 230, Nr. 82,
gelieferten Beschreibung von Eynne Schonne
Hysthorye noch bemerkt, daß es mir nicht möglich
scheint, die zweite Hand, welche Blatt 84—92 geschrieben, mit derjenigen zu identificiren, von welcher
die Inhaltssummarien zu Blatt 1—83 herrühren.
Während jene eine deutsche wol noch aus der ersten
Hälfte des 16. Jahrhunderts, ist letztere eine entschieden polnische, die ich an das Ende des 16. oder
erst in den Anfang des 17. Jahrhunderts setzen möchte.

Die reichen handschriftlichen Sammlungen der
Bibliothek von Skokloster mußte ich bei drängender
Zeit an der Hand des sehr flüchtigen Schröderschen
Katalogs (in Handlingar rörande Skandinaviens
Historia Band IV) durchgehen.

Unter den Urkunden fand sich eine einsame livländische im Original: König Waldemar III. bestätigt den
Geistlichen der revalschen Diöcese das Gnadenjahr und
ihre übrigen Privilegien, 1346 Februar 24 — die
dazu aus abgeleiteter Quelle bereits in das Urkunden-
Buch (II, Nr. 844) übergegangen war.

Von den Manuscripten in Folio wären etwa zu
nennen: Nr. 7, „Des Fyrstenthumbs Essten Ritter-
und Land-Rechte im Jahr Christi 1659"; Nr. 92,
jene Handschrift der Hochmeisterchronik mit der Uexküll-
schen Familiengeschichte von Brandis im Anhang, auf

welche bereits öfters die Aufmerksamkeit gelenkt worden; Nr. 96, abermals „Des Fürstenthumbs Ehesten Ritter- und Landrechte" nebst Privilegien bis 1675 und einer Reihe von den estländischen Statthaltern erlaffener Präjudicate, deren ältestes von 1597 Juli 14, während das letzte von 1647 April 22 datirt.

Von größerer Wichtigkeit ist Nr. 104, das die Rückaufschrift „Bellum Livonicum anno 1564" führt, Folioband in Pappe und Pergament, aus 180 foliirten und einer Anzahl unfoliirter, doch ebenfalls benutzter Blätter bestehend, ein im Jahre 1564 in bestimmter politischer Tendenz aus dem damaligen Mitauschen Archive zusammengestelltes Copialbuch, das in ungenauer chronologischer Folge 52 Briefe und Actenstücke zur livländischen Geschichte der Jahre 1559—1564 enthält. Abgesehen von den drei letzten, rühren sämmtliche Stücke von zwei Händen her, die deutschen von der einen, die lateinischen von der andern.

Ueber den Zweck der Arbeit werden wir bereits durch eine Ueberschrift auf dem Vorblatt 3 belehrt: „1564. Kurtzer gegrundeter unnd warhafftiger Bericht deren hendel und geschefft, so sich zeyt dieses werenden Moscowiterischen krigs zwischen der Konigl. Wirde zu Schweden und dem herren Meystern zu Lyfflandt zugetragen, darauss sich klerlichen befindet, mit wass unfug, unbilligkeit und unrechten, auss eyteler unzimlicher begirlickeit ihre regirung weytt zu erstrecken, die Konigl. Wirde zu Schweden den uunnottigen und algemeyner Christenheit hochst geferlichen und vorterblichen

krigk unvorursachten unvorsehens (gegen) die Konigl.
Majestet zu Polen etc. jemmerlichen angefangen und
biss daher nicht ohne bludsturtzunge gefuret.
Anno etc. 1564".

Auf die, Blatt 1—19 umfassende, Einleitung, in
welcher die Politik Kettlers und Polens vertheidigt,
die König Erichs angegriffen wird, folgen die Acten=
stücke, auf welche schon dort fortwährend verwiesen
worden. Viele derselben sind bereits bekannt — ich
zähle beispielsweise 18, die aus dem schwedischen
Reichsarchiv bei Schirren verzeichnet sind —, ein er=
heblicher Rest, dessen Größe ich noch nicht genau be=
stimmen kann, da mir augenblicklich einige literarische
Hilfsmittel abgehen, wird aber für die livländische Ge=
schichte daraus neu zu gewinnen sein. Unbekannt scheinen
u. A. folgende Nummern:

fol. 53, Erich XIV. an den D.=M. Kettler; Stock=
holm, 1561 Februar 28.

fol. 71, D.=M. Kettler an die Ritterschaft von
Harrien und Wirland und an Reval; Mitau,
1561 Mai 24.

fol. 76, Erich XIV. an den D.=M. Kettler; Stock=
holm, 1561 Mai 29.

fol. 80, König Sigismund August an Erich XIV.;
Wilna, 1562 März 11.

fol. 83, D.=M. Kettler an König Sigismund
August; Riga, 1562 Februar 17.

fol. 86, König Sigismund August an Erich XIV.;
Wilna, 1562 Mai 28.

fol. 88, Herzog Johann von Finnland an den Voigt
von Sonneburg (?); Stockholm, 1561 Juni 6.

fol. 94, Hans Kley an den pernauschen Bürger=
meister Luder Klandert; Reval, 1561
December 6.

fol. 102, Claus Marckeranck an Hans Kley; Reval,
1562 Februar 2.

fol. 103, Hans Kley an L. Klandert; s. l., 1562
Februar 2.

fol. 106, L. Klandert an H. Kley; Pernau, 1562
Februar 1.

fol. 108, Claus Christernson an Riga; Neu-Pernau,
1562 Juni 1.

fol. 110, Erich XIV. an Herzog Christoph von
Mecklenburg; Jonköping, 1563 October 8.

fol. 126, Die ordensmeisterlichen Gesandten an die
Ritterschaft von Harrien und Wirland und an
Reval; Pernau, 1561 Juni 2.

fol. 131, Erich XIV. an Sigismund August;
Stockholm, 1562 Mai 12.

fol. 139—166: Copey einer Beckentnus, von
einem zu Riga beschehenn, volget. D. D.
Auf fol. 166 Unterschrift: D. F. D. zu Chur-
landt armer gefangner Erich Anderssshon
Ostereicher.

fol. 167—180, Eine Fortsetzung obigen Bekennt=
nisses. Auf fol. 180 wiederholt sich jene
Unterschrift.

Auf den unfoliirten Blättern: Legatio regis Succiae
ad regem Poloniae; 1564 September 1.

Antwort des Königs von Polen an die schwedischen
Gesandten; Knischini, 1564 September 6, u. f. w.

Durch freundliche Vermittlung des Kammerherrn
Silfverstolpe ward mir endlich während des stock-
holmer Aufenthalts Einsicht in die Kataloge und Be-
nutzung mehrerer Urkunden aus dem Majorats-
archiv des Barons Bonde auf Eriksberg in
Södermanland ermöglicht. Ein noch nicht aufgeklärtes
Geschick hat elf, einst dem Kloster Mariendal gehörige
Originale auf Pergament hierher verschlagen. Es sind
Vermächtnisse und allerlei Verleihungen von Grund-
besitz, Verkaufsbriefe, gerichtliche und außergerichtliche
Entscheidungen von Gebietsstreitigkeiten u. dergl., den
Jahren 1424, 1425 (zwei Stücke), 1444, 1456, 1458,
1469, 1471, 1484, 1497 und 1526 angehörend.
Vom Besitzstand des Klosters und den Veränderungen
desselben geben sie theilweise ein recht anschauliches Bild.

Ich kann den Bericht über meine schwedische Reise
nicht schließen, ohne mich des wohlwollenden Entgegen-
kommens und der vielfachen Förderung, die ich dort
überall erfahren, in aufrichtiger Dankbarkeit zu
erinnern. Die tägliche Arbeitszeit ist mir in reich-
lichster Weise bemessen worden; die größte Bereitwillig-
keit, durch eingehende Auskünfte, oft zeitraubende
Nachforschungen und Herbeischaffung aller erforderlichen
Hilfsmittel meine Arbeit zu unterstützen, habe ich nicht
ein einziges Mal vermißt. Einiger jenseits der Ostsee
in anderer Richtung gemachter Erfahrungen gedenkend
habe ich dies Alles doppelt wohlthuend empfunden.
Den Herren Reichsarchivar Bovallius, Dr. Granlund,

Baron Taube, Archivar Bergman und Kammerherrn Silverstolpe vom Reichsarchiv; Director Klemming und Dr. Tegnér von der Königl. Bibliothek; Reichsantiquar B. E. Hildebrand und Dr. Hans Hildebrand vom Nationalmuseum, sowie Bibliothekar Styffe und Dr. Annerstedt an der Universitätsbibliothek zu Upsala fühle ich mich in besonders hohem Maße verpflichtet.

Waren wir somit in Betreff der Livonica in Schweden schon seit einiger Zeit im Ganzen wol unterrichtet, so vermißt man über die in Kopenhagen befindlichen bis zur Stunde alle, dieselben einigermaßen in ihrer Gesammtheit ins Auge fassenden Nachrichten. Soweit ich sehe, sind die dortigen Sammlungen überhaupt nur dreimal, und dann auf enger umgrenztem Gebiet, benutzt worden. Im 1. Bande des Bungeschen Archivs ward eine Anzahl Stücke zur älteren livländischen Geschichte meist nach späten Copien des Geheimarchivs veröffentlicht; Schirren fügte dem seine interessanten „Fünfundzwanzig Urkunden" hinzu, die fast ausnahmlos drei bischöflich-öselschen Registranten entnommen sind, und in jüngster Zeit hat Rußwurm für die Ungern-Sternbergsche Familiengeschichte vornämlich wieder von letzterer Sammlung fleißigen Gebrauch gemacht.

Als Ergebniß mehrmonatlicher Arbeit im Königl. Dänischen Geheimarchiv stellte es sich mir nun heraus, daß für die Periode der Dänenherrschaft in Estland sich hier eigentlich nichts an gleichzeitigen Documenten erhalten hat. Bei der Abtretung des Landes an den Orden ist ihm eben auch der Urkunden-

vorrath übergeben worden. Was für jene Zeit vorhanden ist, stammt erst aus der Mitte des 16. Jahrhunderts, als man früher Aufgegebenes wiederzuerlangen
hoffte, an die Vergangenheit anzuknüpfen und seine
Ansprüche historisch zu stützen suchte. Characteristisch
dafür, wie sehr damals hier alles Frühere in Ver-
gessenheit gerathen war, wie man über keinerlei ur-
kundliche Zeugnisse verfügte, sich dieselben aber zu
verschaffen wußte, ist eine Bemerkung, die, offenbar
der Vorlage aus dem 16. Jahrhundert nachgeschrieben,
in einer modernen Copie dem Verkaufsvertrage über
Estland vom 29. August 1346 (Livld. Urkunden-Buch 2,
Nr. 852) vorangestellt wird: Koning Woldemars
brieff, dardurch das Herzogthumb Estonien von
der Cronen zu Dennemarcken an den Orden in
Lieflandt gekommen sein soll etc. Und ist aber
hierbey zu mercken, das men in den koningl.
Archiven und Canzleyen von solcher Handlung
und Verschreibung keine Nachrichtung hatt,
sondern ist diese Verschreibung in Liefflandt von
den Ordens Personen gesprengt (!) und also die
Copei erlangt worden. Und derwegen, sowol koning
Christophori zuvor vor sich und seine Nachkommen
getahnen Vorpflichtung halber, als das der Reichs
Rhete consent und verwilligung nicht darzu
kommen und auch die nach Woldemar erfolgte
Koninginne und koninge die Privilegien der Orther
confirmirt, nicht wenig verdechtig zu achten.

Während beinah voller zwei Jahrhunderte finden
dann zwischen Dänemark und unsern Provinzen nur

ganz vereinzelte politische Berührungen statt. Dem
entsprechend sind die bezüglichen historischen Zeugnisse
sehr wenig zahlreich. Eine Steigerung des gegen-
seitigen Interesses macht sich erst etwa seit 1525 oder
1530 bemerkbar, seitdem Livland bevorzugtes Versuchs-
feld für politische Pläne und Intriguen norddeutscher
Fürsten und besonders des Hauses Brandenburg geworden, zu welchem die Könige von Dänemark vielfach
in naher Beziehung stehen. Reichlicher strömen die
Nachrichten namentlich seit 1540, indem mit diesem
Jahre die Königl. Dänischen Ausländischen Registranten
anheben. Von ganz hervorragender Bedeutung für
uns und einem Werth, der sich nur mit dem der
Stockholmer Livonica vergleichen läßt, wird das
Material aber erst seit Beginn des livländischen
Auflösungsprocesses. Im Jahre 1556 erscheint
eine dänische Gesandtschaft, um im Interesse des
Ordens mit Polen zu vermitteln. Dann beginnt die
Zeit, wo unter dem Zusammenbruch des einheimischen
Staats Dänemark alte Herrschaftsgedanken im Osten
wieder aufnehmen kann. Sie bringt zahllose Cor-
respondenzen und Verhandlungen mit dem Meister,
der Ritterschaft von Harrien und Wirland, der Stadt
Reval, dem Bischof Münchhausen von Oesel und Cur-
land und all' den an jenen Vorgängen betheiligten
Mächten und Personen. So lange Dänemark hier
festen Fuß behielt, behauptet auch Kopenhagen seine
Wichtigkeit für uns. Namentlich ist die Erbschaft, die
Herzog Magnus seinem königlichen Bruder an Archi-
valien hinterlassen hat, außerordentlich groß. Zu

derselben gehört bekanntlich auch jene unschäßbare
Reihe Oeselscher Registranten, die, als einen besondern
Stoff bildend, ich von der Besprechung vorläufig noch
ausschließe.

Wie die übrigen Abtheilungen des Archivs, zerfällt
auch die livländische in eine Große und eine Kleine
Sammlung, von denen jene das Wichtigere, diese das
weniger Wesentliche umfassen soll. Bei dieser Scheidung, bei der natürlich sehr viel dem subjectiven
Ermessen und persönlichen Geschmack des Ordners
überlassen blieb, sind doch im Ganzen die Original-
urkunden, resp. Pergamente — freilich auch Abschriften
derselben und einzelne Correspondenzen auf Papier —
der ersteren Sammlung zugefallen, während die eigentlichen Briefschaften, resp. Papiere, im Wesentlichen
der letzteren, daher auch viel umfangreicheren, vorbehalten wurden. Wollte man aber, namentlich vom
Standpunct livländischer Geschichte, jenes ursprüngliche
Princip schärfer hervorkehren, so müßten nicht wenige
Stücke beider Abtheilungen ihre Plätze mit einander
tauschen. Jedes Stück der Großen Sammlung ist
nun mit einer Nummer, häufig jedoch unter Zuhilfe-
nahme des Alphabets bezeichnet, während in der
Kleinen nur die ganzen Fascikel signirt sind. — Da an
eine Erledigung der ganzen Aufgabe auch hier für
diesmal nicht zu denken war, ist mit Rücksicht auf
das in Schweden erreichte Ziel das Jahr 1536 als
vorläufiger Endpunct der Arbeit gewählt worden.
Die folgenden Bemerkungen fassen daher meist nur
den Zeitraum bis dahin ins Auge.

Entsprechend dem oben Geäußerten ergab die
Große Sammlung Livland an wichtigeren Originalen des 15. Jahrhunderts nur das bekannte Bündniß
Erich des Pommern mit dem Hochmeister und livländischen Meister von 1423 Septbr. 15 (Index 1093)
und die Verschreibung des D.-M. Johann von Mengede
über an Christian I. geleistete und noch zu leistende
Subsidien von 1456 Juli 25 (Diplomatarium
Christierni Primi Nr. 57). Dazu fanden sich mehrere
ältere, die Bisthümer Oesel und Reval betreffende
Urkunden in Abschriften des 16. Jahrhunderts, beispielsweise Schutzbriefe Erich des Pommern und König
Christophs für jenes, Christian I. für dieses; ferner
als spärliche Ueberbleibsel des alten bischöflich-cur-
ländischen Archivs einige Originale, namentlich päpstliche Bullen von 1457, 1473 und 1523, die Ernennung der Bischöfe Paul, Martin und Hermann
betreffend, und ganz ausnahmsweise ein aus Basel
während der Concilszeit an den B. Johann von
Curland gerichteter Brief des Heinrich Attendorn von
1435 Mai 4. Der Anfang des 16. Jahrhunderts
war durch eine größere Anzahl, auf die Kolk'schen
Güter bezüglicher Pergamente und mehrere Schreiben
des B. Johann sowie des Raths von Reval an
Christian II. von 1517, 1518 und 1521 vertreten.

Nicht viel ergiebiger zeigte sich für unsere Zeit die
späterhin so reichhaltige Kleine Sammlung Livland. Bis etwa 1525 bietet sie nur ganz Vereinzeltes.
Aus dem hier Gewonnenen verdienen namentlich die
Gesandtenanträge und Briefe von Seiten des Mark-

grafen Wilhelm und des Herzogs Albrecht von Preußen
hervorgehoben zu werden. Sie beziehen sich auf die
jenem während der öselschen Fehde geleistete dänische
Hilfe und sind meist an den Hauptmann auf Gotland,
Heinrich Rosenkrantz gerichtet — dabei leider alle durch
Wasser sehr beschädigt und schwer lesbar. Im Juli
1533 verlangt der Markgraf 200 Knechte und Geschütz;
im November ist eine bemannte Jacht angelangt, die
auch während des Winters bei ihm in Hapsal ver-
weilt. Gleichzeitig sind die Reichsräthe veranlaßt
worden, einen diplomatischen Druck auf den Ordensmeister auszuüben. Die sehr umfangreiche Antwort
Plettenbergs von 1534 März 30, in der er den Streit
von seinen ersten Anfängen an darlegt, hat sich erhalten.

Mit zum Theil recht gutem Erfolg wurden dann
noch mehrere andere Abtheilungen durchgesehen. In
allen fand sich mindestens zu viel, um weiteres Suchen
nutzlos erscheinen zu lassen.

Die beiden schönen, doch aus sprachlichen Gründen
ziemlich brach liegenden Sammlungen Rußland enthalten mehrere, wenn nicht direct, so doch mittelbar
für uns in Betracht kommende Stücke. Der Vertrag
des Zaren Wassili mit Christian II., d. d. Moskau,
1516 August 2, liegt hier im russischen Original auf
Pergament mit anhangendem Goldsiegel vor — Grönblad's Angabe, Nya Källor etc. S. 651, über sein
Nichtvorhandensein ist also irrig; der des Zaren
Iwan IV. mit Friedrich II., d. d. Moshaisk, 1562
August, im russischen und hochdeutschen Original, auf
Pergament mit großem Goldsiegel.

Obgleich uns ferner liegend, mögen um ihres all=
gemeinen Interesses willen hier noch einige der Briefe
Wassilis an Christian II. namhaft gemacht werden.
In einem ersten vom Juli 1517 benachrichtigt der
Zar den König, in Uebereinstimmung mit der darüber
ausgestellten Urkunde (Grönblad Nr. 382), daß er
den dänischen Kaufleuten in Nowgorod und Iwangorod
dieselben Vorrechte wie den hansischen eingeräumt, ihnen
dort auch einen Platz zu einem Hof (у Болхова
противъ Лублницы) nebst der Erlaubniß, eine Kirche
zu bauen und einen Priester zu halten (попа или
мииха держати) gegeben habe. In einem andern
schlägt er das Gesuch des Königs ab, dessen Gesandten
— hier Sidor genannt — eine Russin, auf die der=
selbe Ansprüche habe, auszuliefern, da es bei ihm nicht
Brauch sei, freie Leute in die Sclaverei zu geben
(въ неволю свободныхъ людей давати). Die
Knaben, die ihm jener mit dem Herold David gesandt,
damit dieselben Russisch lernen, habe er, auf daß sie
sich die Sprache schneller aneigneten und auch mehr
Aufsicht hätten (чтобъ имъ скорѣе грамоте на=
учитисл и призоръ бы имъ больши былъ) in
seiner Umgebung untergebracht und dem Doctor Michael
zum Unterricht übergeben. Der vertriebene König hat
darauf die Hilfe Wassilis gegen seine Feinde angerufen.
Am 29. Novbr. 1523 erklärt ihm dieser, er halte
an ihren aufgerichteten Verträgen unverbrüchlich fest,
augenblicklich aber könne er ihm nicht beistehen, da
von dem Feldzuge gegen Kasan seine Leute noch er=
müdet seien (нынѣ у насъ нашы люди потомились).

In Zukunft werde er unzweifelhaft sein Wort einlösen.
— Später hatte auf eine Empfehlung Christians Severin
Norby beim Zaren eine augenblickliche Zufluchtsstätte,
letzterer aber an ihm so großes Gefallen gefunden, daß
es erst der Fürsprache des römischen Kaisers und
Königs bedurfte, um seine Freigebung zu erwirken.
Im April 1528 rechtfertigte Wassili den Verzug
folgendermaßen: es sei geschehen wegen des weiten
Weges, den zurückzulegen jenem unmöglich gewesen (за
разстоянiп пути ... что было ему проѣхати
нельзѣ).

Die Sammlungen Polen ergaben namentlich einige
für uns in Betracht kommende Legationssachen. Im
April 1516 sandte Christian II. den Dr. Detlev Smüter
an König Sigismund von Polen, den Hochmeister, Danzig,
den livländischen Meister sowie an Riga und Reval,
um für den Fall, daß es zwischen ihm und den
Schweden zum Kriege käme, sich des Beistands oder
mindestens der Neutralität jener zu versichern. Hierüber liegt eine Anzahl lateinischer, deutscher und dänischer
Acten vor. Die dem Abgesandten in Livland zu Theil
werdenden Bescheide lauten zwar verbindlich in der
Form, im Uebrigen aber ausweichend. Der Meister
sieht sich veranlaßt, die Frage erst dem Landtage vor-
zulegen; die Städte berufen sich auf ihre Unselb-
ständigkeit in der äußern Politik, in der sie auf den
Orden sehen müßten. Nebenbei benutzt Riga die
gnädigen Erbietungen des Königs, um die Bestätigung
seiner dänischen Privilegien nachzusuchen.

Die Botschaft, welche Peter Bojanowski im Auftrage

Sigismund Augusts im März 1546 an Christian III.
auszurichten hat, betrifft speciell Livland. Er dankt
dem Könige für das dem E.-B. Wilhelm gegenüber
den Umtrieben des Ordens und der Stadt Riga bisher
bewiesene Wohlwollen, namentlich dafür, daß derselbe
im letzten Sommer den Herzog Albrecht von Meklenburg verhindert, mit einem Heere nach Livland über-
zusetzen, um im Bunde mit dem Meister jenen zu be-
unruhigen. Hieran knüpft sich natürlich die Bitte, in
seiner Eigenschaft als Protector des Erzstifts sich des
Markgrafen auch weiterhin anzunehmen.

Die Abtheilung Brandenburg versetzt uns mitten
in die politischen Intriguen jener Zeit. In die Pläne
des Herzogs Albrecht erhalten wir hier eine weit
genauere Einsicht als aus den eigentlichen Livonicis.
Aus dieser höchst vertraulichen Correspondenz sei wenigstens Einiges aufgeführt. In einem eigenhändigen
Brief vom Februar 1530 aus Thorn richtet Markgraf
Wilhelm an den Prinzen Christian die Bitte, seinen
Vater, den König Friedrich I., zu veranlassen, ihn in
Ausführung seiner (livländischen) Pläne, in denen er
Widerstand fürchte, zu unterstützen. Am 25. April 1531
spricht Herzog Albrecht demselben gegenüber den Wunsch
aus, es möchten die augenblicklich in Deutschland ver-
weilenden livländischen Ordensgesandten „wegen ihrer ge-
schwinden Practiken" aufgehoben werden. Namentlich der
Kanzler Friedrich Sueberg dürfe nicht davon kommen, da
er im vorigen Jahre zu Riga etzliche unverschämte Schmach-
reden gegen das Haus Brandenburg geführt habe, dahin
lautend „das kein marggraff von Brandenburg

in drey hundertt jaren christlich, erhlich und billig
regirtt" u. s. w. Derselbe müsse zu Lande oder Wasser
„nidergeworffen werden". Wie und wo das am Füglich=
sten, ohne zu großes Aufsehen, geschähe, werde der
Prinz besser wissen. — Besonders lebhaft sind die Ver=
handlungen im J. 1532. Da es als ziemlich fest=
stehend betrachtet wurde, daß der Orden in dem Streit
um die dänische Königskrone nicht ganz unparteiischer
Zuschauer geblieben, mindestens officiös Christian II.
unterstütze — Herzog Albrecht weiß von großartigen
Truppenwerbungen und Subsidienzahlungen an
letzteren, ja auch davon zu berichten, daß ihm für den
Fall eines Mißerfolgs Dünamünde als Asyl angeboten
— so suchte König Friedrich I. und sein Anhang jenem
in Livland selbst entgegenzuwirken. Herzog Albrecht
hat bei seinen Unterhandlungen mit Riga „zum Schutze
des Wortes Gottes" auch Gelegenheit zu mancherlei
anderer Zwiesprache gefunden. Er kann dem Könige
jetzt melden, daß es ihm gelungen sei, die Stadt beinah
vollständig auf ihre Seite hinüberzuziehen; dieselbe sei
bereit, ihm zwei ausgerüstete Schiffe zuzusenden, was
beim Orden „nicht wenig erschreckens und schewe
geberen" werde; dazu wünsche sie ein evangelisches
Bündniß mit ihm einzugehen. In seiner Antwort erklärt
der König seine Zustimmung, nur müsse die Einung nicht
ausschließlich auf das Evangelium gegründet sein, weil
diese Ursache noch nicht von allen Reichsräthen als
genügend betrachtet werden möchte. Aus den Jahren
1535 und 1536 liegen ähnliche Unterhandlungen vor,
deren Spitze stets gegen den Orden gekehrt ist.

Eine kleine Nachlese für diese Verhältnisse ließ sich
noch in den Sammlungen Preußen und Pommern
anstellen; die Abtheilung Meklenburg lieferte Beiträge zu dem für die Hansestädte so aufregenden Thema
„wie das eine newe schiffart ausz Engelandt in die
Muschow erfunden" von 1556; die „Christian II."
und „Aegteskabssager" überschriebenen, einige
Stücke von 1515, betreffend die Verbindung des Königs
mit dem Bischof Blankenfeld von Reval; das Sture'sche
Archiv endlich sechs Nummern, darunter Briefe des
Raths und des Comthurs von Reval und des Voigts
von Narva von 1504, 1510 und 1505, sowie einen
des Söldnerführers Jorge Schermer, der sich in Riga
niedergelassen und „eines Bürgermeisters Tochter ge-
heirathet" und von hier aus dem Svante Sture aufs
Neue seine Dienste anbietet, von 1505.

Die Abschriftensammlungen des Archivs enthalten zwar meist Urkunden, die noch in älterer
Form zugänglich sind, hier und da aber manches inzwischen Verkommene und so auch mehrere Ergänzungen
zu den Livonica. Unter Langebeks livländischen
Papieren, die er zum Theil auf einer Reise durch
unsere Provinzen zusammengebracht, fand sich z. B.
eine Urkunde des D.-M. Goswin von Herike, durch
die er dem Ritter Stigot Andersson die Güter zu
Linde verleiht, d. d. Riga, 1353 Juli 19 (aus dem
jetzt verbrannten Rosenkranß'schen Archiv); die Aufforderung des E.-B. Silvester an die Kleine Gilde
zu Riga, sich gegen die Pleskauer zu rüsten, von
1473 Juli 20 (vom Orig. in der Kleinen Gilde, wo

6

dasselbe jetzt nicht mehr vorhanden ist); Joh. Paykuls
Aufnahme in die Marienbrüderschaft auf dem Dom
zu Reval von 1496, u. A. Das große handschrift=
liche Diplomatarium lieferte außer mehrerem Andern
die Urkunde, durch welche Johann, Abt des Nunnklosters
auf Gotland, an Christian II. die Kollschen Güter
abtritt, von 1519 October 4, in dänischer Sprache
(bei Schirren, Verz. S. 23, Nr. 227 in deutscher
Uebersetzung aufgeführt). Nach den vortrefflichen Ab=
schriften zur dänischen Geschichte, die Munch im
Vatican genommen, ließ sich endlich nicht nur eine
bedeutende Zahl der in unserem Urkundenbuche nach
Turgenew gelieferten Abdrücke durchcorrigiren, sondern
auch Mehreres für das 14.—16. Jahrh. neu gewinnen.
Das jüngste Stück ist ein Breve Leo X. an den
Markgrafen Joachim von Brandenburg von 1517
September 14, durch welches er ihm den Bischof
Johann von Reval für den Fall der Vacanz eines
seiner Bisthümer empfiehlt.

Wie wir auch sonst erfahren, hat Bischof Blanken=
feld häufig an Rückkehr in seine märkische Heimath
gedacht und sich lange in Livland nicht wohl gefühlt.
Bereits Inhaber zweier Stifter, bezeichnet er doch noch
1520 seine Lage topographisch durch folgendes Bild:
hic in extremis partibus Christianitatis et in culo
mundi deherentes.

Da in keiner der bisher besprochenen Abtheilungen
in die Zeiten, die einen massenhafteren Stoff bieten,
hinabgegangen wurde, ist die numerische Ausbeute
auch nur eine mittelmäßige. Im Ganzen wurden

154 Stücke gewonnen (von denen dazu einige bereits
in älteren und neueren dänischen Werken theils abgedruckt, theils angeführt waren) und 77 Nummern
des Urkundenbuches collationirt.

Weit müheloser und reichlicher ließ sich dafür auf einem
anderen Gebiete ernten, aus den schon im Vorübergehen
erwähnten bischöflich = öselschen Registranten.
Diese sind es, welche dem Geheimarchiv auch schon in
der ersten Hälfte des 16. Jahrh. eine ungewöhnliche
Bedeutung für die livländische Geschichte verleihen.
In elf Folianten wird uns hier ein wahrhaft groß-
artiger und theilweise schön abgeschlossener Stoff
nicht allein für die Geschichte jenes Bisthums, nein,
des ganzen Landes geboten. Ich muß hier gleich
mit dem Geständniß beginnen, daß, um bei Zeit-
räumen, die das Urkundenbuch doch noch nicht so bald
erreichen wird, jetzt nicht allzu lange zu verweilen, ich
hier im Allgemeinen schon beim J. 1526 abschloß
und nur in einzelnen Fragen mir entferntere Ziele
stecken konnte. Auf diese Weise sind von den unten
aufgezählten Copialbüchern die beiden ersten vollständig,
das dritte nur in Bezug auf die Urkunden aus dem
13. und 14. Jahrh.. das vierte und fünfte zum guten
Theil, die übrigen nur für specielle Verhältnisse aus-
genützt worden. Der bisherige Gewinn beläuft sich
hier auf mehr als 350 Stücke. Einigermaßen erschwert
ward diese Arbeit durch den Zustand äußerster sprach-
licher Verwahrlosung, in dem viele Sachen vorliegen.
Während das Niederdeutsche durchgängig ziemlich cor-
rect wiedergegeben ist, sind die lateinischen und hoch-

deutschen Stücke namentlich im 1. und 2. Bande meist
arg verunstaltet. Mit jenen Sprachen nur oberflächlich
vertraute Schreiber haben sich häufig damit begnügt,
Unverstandenes einfach nachzumalen. In vielen Fällen
liegt die Verbesserung nicht allzu fern, in anderen hat
sie sich noch nicht finden wollen. Wie aus den
unten mitgetheilten Signaturen hervorgeht, bilden diese
Bände im Archiv keine fortlaufende Reihe, sondern sind,
bisweilen gewissermaßen als Anhängsel zu einzelnen
Urkunden oder Actenfascikeln, an verschiedenen Stellen
in die beiden livländischen Sammlungen eingeschoben.

Livland, Große Sammlung Nr. 1 ff, Papiercodex in größtem Folio von 189 Blättern, die hier
und da nicht benutzt sind, in Braunlederumschlag mit
Schnalle, von verschiedenen Händen im ersten Viertel
des 16. Jahrh. geschrieben. Enthält Seite 1—160:
Kirchliche Verordnungen, theilweise noch des B. Johann
Orgies aus den letzten Jahren des 15. und den
ersten des 16. Jahrh., größtentheils aber des B. Johann
Kievel von 1517—1522, ferner Kirchenvisitations-
protocolle von 1519—1522. S. 171—254: Aeltere
öselsche Privilegien von 1251—1328. S. 255—260:
eine vom damaligen öselschen Kanzler Joh. Lomüller
in Dystichen verfaßte Grabschrift auf den Bischof Orgies
und die ausführliche Beschreibung der Wahl und
Krönung des Bischofs Kievel im J. 1515. S. 271 bis
322: Landscheidungen in der Wiek aus dem 14. und
15. Jahrh. S. 341—358: Registrum beneficiorum
collatorum in dioecsi Osiliensi von 1519—1521.

Höchst beachtenswerth und doch bisher völlig unbe-

kannt ist die gesetzgebende und practische Thätigkeit
auf kirchlichem Gebiet, die wir hier den Bischof Kievel
in seinem kleinen Inselreich entwickeln sehen. Es
sind die letzten Versuche der alten Kirche, der Ver-
wilderung und Lässigkeit des Clerus, der Rohheit
und Unwissenheit des Volkes Einhalt zu thun. Ein
Anfang war bereits durch den Vorgänger, namentlich
in den umfassenden Synodalverordnungen von 1505,
gemacht. Nach diesen sollten sich die Priester der Wohl-
anständigkeit zunächst in ihrem Aeußern befleißigen,
stets in geistlichem Gewande und mindestens in der
Kirche nicht ungestiefelt, dazu mit Tonsur und kurz-
geschorenem Haar und Bart einhergehen, „damit Auge
und Ohr durch das Haar nicht behindert würden.“
Die sich noch nicht mit Enthaltsamkeit umgürtet hatten,
waren mit Strafen von 10 Goldgulden bedroht und
an das Wort erinnert worden: Sie predigen einen
Gott und dienen einem andern. Die Gelage der
Weltlichen sollten sie meiden, Hochzeiten ausgenommen.
Später sind dann noch alle Gilden nicht ausschließlich
religiösen Characters, als nur unmäßigem Trinken die-
nend, verboten worden. Der Ungebundenheit der
Nonnen zu Leal, welche außerhalb der klösterlichen
Mauern umherzuschweifen oder Cleriker und Laien in
dieselben einzulassen pflegten, um mit diesen sich
zwanglosem Verkehr hinzugeben, wurde 1519 in
mehreren Mandaten das Schicksal der thörichten Jungfrauen im Evangelium vorgehalten.

Obgleich die Domkirche zu Hapsal einen großen
Schwarm von Geistlichen unterhielt, war doch der

größte Theil stets abwesend, so daß der Gottesdienst
kaum aufrecht erhalten werden konnte. Jetzt ward
verlangt, daß sich alle am Orte einfänden und regel=
mäßig den kirchlichen Handlungen beiwohnten, damit
dieselben desto feierlicher und würdiger vor sich gingen.
Es bedurfte sogar der besonderen Mahnung, die Messen
zu singen, da Einige, nach den Worten des Bischofs,
gewohnt waren, sie zu heulen, wodurch Gott mehr ge=
lästert als die Andacht der Gemeinde erhöht werde
(nonnulli potius quodam ullulatu, quodam etiam
satis indiscreto, quam verborum aut vocum zimpho-
nia sunt usi etc.). Vor Allem aber sollten die Priester
sich angelegen sein lassen, das unwissende Volk über die
Grundwahrheiten des Christenthums zu belehren, damit
dasselbe nicht ferner durch ihre Schuld sein Seelenheil
verabsäume. An jedem Sonn= und Feiertage sollen
deshalb der Gemeinde in ihrer Sprache Pater noster,
Ave Maria und Credo ausgelegt, die 10 Gebote er=
klärt und stets darauf hingewiesen werden, wie dies
neu erworbene Wissen für eine wahrhafte Besserung
des Lebens fruchtbar gemacht werden könne.

An die Gemeindeglieder ihrerseits ward die Forde=
rung gestellt, daß Alle, die das 18. Jahr überschritten,
mindestens jede Ostern beichteten, das Abendmahl nähmen,
sowie überhaupt mit den oben genannten Elementen
des Glaubens vertraut wären. Die bei Abhaltung
der Wacke oder der Beichte sich hierin unwissend Zei=
genden meinte man „wegen ihrer Herzenshärtigkeit
und ihres Eigensinns“ mit körperlicher Strafe be=
drohen zu müssen. Dazu sollten Alle angehalten wer=

den, Kinder und Hausgenossen weiter zu unterrichten.
Im J. 1520 glaubt der Bischof bereits eine gewisse
Besserung, mindestens größere Pflichttreue der Priester
wahrzunehmen, klagt aber, daß es an den Ordenskirchen
völlig beim Alten geblieben sei. Dem Voigte von
Sonneburg macht er den Vorwurf, daß während die
Pfarrer der Stiftskirchen jetzt allen Fleiß anwendeten,
dem Volke das Wort Gottes in estnischer Sprache zu
verkünden, die auf dem Ordensgebiet entweder der
Volkssprache nicht mächtig oder mindestens gar ver=
säumlich und träge wären und so die Strafe des
Himmels auf das Land herabriefen.

Daß man bei allem diesem ernsten Streben keine zu
weiten Ziele ins Auge faßte, sich theilweise an der
Beobachtung gewisser Aeußerlichkeiten genügen ließ,
wird durch die Sachlage nur zu wohl erklärt. Das
Volk beharrte, trotz Christenthum, im Grunde bei
heidnischer Anschauungsweise und heidnischen Gebräuchen.
Wir erfahren gelegentlich, daß in Zeiten von Krankheit
und Mißgeschick Wahrsager und Zauberer angerufen,
heilige Haine, Bäume und Steine verehrt, zum
Donner gebetet und ihm Trankopfer gebracht wurden,
in der Hoffnung, dadurch Regen und ein fruchtbares
Jahr zu erlangen.

Es muß vor Allem dem Bischof zum Ruhme nach=
gesagt werden, daß er es nicht bei bloßen Verord=
nungen bewenden, sondern sich angelegen sein ließ,
dieselben auch zu verwirklichen. Im J. 1523 stiftete
er zu Gunsten der armen Schüler bei seiner Dom=
kirche, „der mennych wurde flyth ahnkeren buten

landes tho reysende, der geystlyken lere und kunst
tho folgende", ein Capital von 500 Mark, von deſſen
Zinſen ſtets zwei Candidaten des Prieſterſtandes je
fünf Jahr auf auswärtigen Schulen unterſtützt werden
ſollten. Um dieſem Mangel an tüchtigen Geiſtlichen
abzuhelfen, hatte auch bereits der Prälatentag zu
Ronneburg vom Juli 1521 die Errichtung einer
höhern, mit namhafteren Lehrern zu beſetzenden und
auf gemeinſame Koſten zu unterhaltenden Schule zu
Dorpat oder Alt-Pernau ins Auge gefaßt. In Folge
deſſen ſetzte ſich unſer Biſchof mit dem ſpäter als
Apologeten katholiſcher Dogmen gegenüber dem Lutherthum bekannt gewordenen Roſtocker Magiſter Ecbert
Herlem in Verbindung. Dieſer iſt deshalb auch ſelbſt
nach Livland gekommen. Im J. 1523 aber ward die
Ausführung des Plans wegen der unruhigen Zeiten
zunächſt auf zwei Jahre verſchoben.

Häufig ſehen wir den Biſchof ſeine Geiſtlichkeit um
ſich verſammeln. Zum Beſuch der jährlich am 23.
Juni eröffneten Synode waren Alle verpflichtet; dazu
werden ſie öfters in außerordentlicher Veranlaſſung
berufen, ſo im J. 1517, um „einen vollkommenen und
approbirten Leitfaden zum Unterricht ihrer Eingepfarrten" zu erhalten. Die dem öſelſchen Landtag
vom September 1521 durch den Biſchof gemachten
Vorlagen haben faſt ausſchließlich die Bildungsfrage
im Auge. Danach ſollte jede Herrſchaft auf ihren
Gütern einen „Armen" halten, der die Kinder im
Glauben und den zehn Geboten unterrichte, zur Hebung
der Sittlichkeit unter dem Volke ſollten mancherlei

Maßnahmen ergriffen, für die zu gründende Hoch-
schule ein Zins von den geistlichen Lehen erhoben
werden u. s. w.

Vor Allem suchte der Bischof durch Kirchenvisi-
tationen überall nach dem Rechten zu sehen und auch
für die materielle Wohlfahrt seiner Untergebenen zu
sorgen. Nach der Visitationsordnung von 1519 werden
dabei aus jedem eingepfarrten Dorfe der Aelteste,
Zehutner oder sonst zuverlässige Bauern berufen und
durch eine Fülle ihnen vorgelegter Fragen die äußern
Verhältnisse der Kirche, die religiösen und sittlichen
Zustände im Volke, das Verhalten der Beamten und
Pfarrer erkundet.

Die Protocolle von dreizehn in den Jahren 1519
bis 1522 durch den Bischof abgehaltenen Visitationen
zeigen, wie die Verordnung practisch gehandhabt wurde.
Einige sind nur Inventare des Kirchenvermögens, die
übrigen erstrecken sich auf alle die gleich zu berührenden
Verhältnisse.

Zunächst wird das Eigenthum der Kirche an Ge-
schmeide, Ornaten, Büchern, Geld, Korn, Vieh und
Ausständen verzeichnet. Häufig sind über letztere keine
Schuldbriefe vorhanden, noch öfter die Zinszahlungen
unterblieben. Die Ausstattung der Gotteshäuser ist
je nach Wohlhabenheit und Freigebigkeit der Gemeinde
eine höchst verschiedene, bald recht dürftige, dann
wieder höchst reichliche. In einigen müssen sich die
armen Heiligen mit einem wahren Bettelstaat behelfen.
In Merjama aber haben sie es gut. Da trägt Unsere
liebe Frau einen neuen Sammetmantel mit 28 silber-

vergoldeten Spangen, einem vergoldeten Adler, einem silbernen Herzen und 7 großen silbernen Knöpfen, auf denen der Düker Wappen; dazu verfügt sie über tägliches und festtägliches Haupt- und Halsgeschmeide. Auch auf des Christkinds Mantel sind zwei große Spangen mit dem Wappen der Lode.

Ein Zweites betrifft die Kenntnisse der Gemeinde in der Religion, etwa zum Vorschein gekommene ketzerische Gebräuche und vorgefallene Verbrechen. Hier und da wird uns ein räudiges Schäfchen genannt, das entweder das Credo oder Pater noster oder gar Beides nicht kennt, und dem daher körperliche Züchtigung droht. Unter den Gesetzesüberschreitungen erscheinen Todtschlag und von den Verwandten des Erschlagenen eigenmächtig geübte Rache, besonders häufig aber wilde Ehen — in Waddemois bei Merjama sollen sie die Regel bilden — treuloses Verlassen der Gatten und gewaltsame Entführung. Die Verbrechen in letzterer Beziehung hatten unter den Bauern derart überhand genommen, daß der Landtag von 1521 sich speciell mit ihnen beschäftigen mußte.

Es folgt dann Untersuchung der von Seiten der Vasallen, Amtleute, Voigte und anderer Officialen etwa geübten Mißbräuche, durch welche den bischöflichen Rechten zu nahe getreten oder die Bauern beeinträchtigt worden. Wir hören da öfters von Besetzung fremden Landes, Vorenthaltung fremder Leute, unrechtmäßiger Erhöhung persönlicher Leistungen oder der Abgaben an Korn und Fischen, endlich körperlicher Mißhandlung. Selbst die Klage eines Knechts, daß

er zuweilen für den Amtmann umsonst brauen und
arbeiten müsse, die einer Magd, daß die „Meyersche"
sie blutig geschlagen, finden hier Berücksichtigung.

Auf die ihren Pfarrer betreffenden Fragen erklären
die Bauern durchgehend, daß sie mit ihm wohl zufrieden seien, er sich in seinem Amte unversäumlich
und nicht träg erzeige, sie auch nicht über Gebühr
mit Abgaben dränge.

Nur über Johann Holste, den Pfarrherrn zu Karmel,
bricht eine Fluth von Anklagen herein. Nach Auftreten
der Pest ist er nach Reval gereist, ohne einen Stell-
vertreter zurückzulassen, so daß der Gottesdienst und
viele Kranke versäumt worden; während er dann im
Jahre zuvor (1521) sich neun Wochen lang in Handels-
geschäften in Preußen aufgehalten, hatten sieben Leichen
unbeerdigt auf dem Kirchhof gestanden und das Be-
treten desselben beinah unmöglich gemacht; bei vielen
Gemeindegliedern war von ihm noch nie die Beichte gehört worden. Die Bauern erklären offen, sie hätten
keinen Priester, sondern einen Kaufmann zum Kirch-
herrn. Alle Darbringungen an die Kirche habe er zu
seinem Nutzen verwandt und dazu die schamlosesten
Erpressungen geübt. Obgleich nach den Statuten von
1505 alle Amtshandlungen unentgeltlich vorzunehmen
waren, wollte er doch Niemanden beerdigen, „bsunder
he kryge eynen ossen ofte eyne koe"; für eine Kuh,
die nachher ertrunken, mußte eine andere gegeben werden.
Auch von Mathis hat er eine erlangt. „Dusser koe
was dath kalff gestorfen, derwegen he deme manne
de bychte nycht horen wolde, beth korth vor

Pynxsten." Einem Bauern, der eine Leiche zur Kirche brachte, hat er mit Gewalt einen Ochsen vom Wagen gespannt, den der Voigt wiederholen lassen muß, u. s. w., u. s. w. Mit Befriedigung lesen wir an anderer Stelle, im Registrum beneficiorum collatorum, daß am 30. August 1522, nur wenige Tage nachdem dies Alles an den Tag gekommen, die „durch freiwillige Resignation des Herrn Johann Holste" vacante Pfarre zu Karmel vom Bischof einem Andern verliehen worden ist.

Livland, Große Sammlung Nr. 20^v, Papiercodex in größtem Folio von 166 Blättern in Braunlederband, von mehreren Schreibern im ersten Viertel des 16. Jahrhunderts hergestellt. Blatt 1—110: bischöflich-öselsche ein- und ausgegangene Correspondenzen in nicht überall genauer chronologischer Folge, von 1517—1525. Blatt 111—166: Acten des Processes zwischen dem Bischof von Oesel und der Stadt Riga über den dritten Theil der Insel, von 1490—1491. Da dieser Rechtsstreit sich ganz in den alt hergebrachten Formen bewegt, konnten die Acten in einigen Auszügen kurz und doch erschöpfend wiedergegeben werden.

In der ersten Abtheilung werden uns in Briefen von und an den Ordensmeister, Erzbischof, sämmtliche Bischöfe des Landes, die öselschen und dörptschen Stiftsstände, die Ritterschaft von Harrien und Wirland, den König von Dänemark, Severin Norby, die schwedischen Reichsräthe und zahlreiche andere Adressen alle Hauptfragen damaliger innerer und äußerer livländischer

und speciell öselscher Politik vorgeführt. Am zahl-
reichsten und vertraulichsten sind die Mittheilungen an
Johann Blankenfeld, den feinen Kenner des canonischen
Rechts, der Gebräuche der päpstlichen Kanzlei und des
römischen Hofes. Zu ihm steht B. Kievel meist im
Verhältniß des Rathsuchenden und einer scharf ausgesprochenen Abhängigkeit. Eine Besendung des Kaisers
und des Papstes, die Irrungen des Bischofs mit
seiner Ritterschaft, die Verhandlungen mit Erzbischof
und Meister wegen der Landtage sind die vier in erster
Linie behandelten Stoffe. Von ihnen mögen die
beiden ersten etwas näher ins Auge gefaßt werden.

Schon seit einiger Zeit war das Verfahren der
Curie, die früher das freie Wahlrecht der Capitel
respectirt, neuerdings aber mehrfach, namentlich in
Dorpat, dem ausgesprochenen Willen der Stände zu-
wider, mißliebige Prälaten den Stiftern aufgedrängt
hatte, Gegenstand der Berathung des Landesherrn gewesen. Mit Recht erblickte man darin den Keim zu
gefährlichen innern Zerwürfnissen in dem ohnehin von
offenbaren Feinden oder zweifelhaften Freunden rings
umgebenen Lande. Eine, sämmtlichen Bischöfen zur Be-
gutachtung übersandte Denkschrift des E.-B. Jasper,
etwa vom Herbste 1518, faßt nochmals die ganze
Frage zusammen und entwickelt zwei Wege, jenen
Gefahren zu begegnen. Es sei entweder bei Kaiser
und Reich eine Erklärung zu erwirken, daß das zwischen
Papst Nicolaus V. und der Deutschen Nation am
17. Februar 1448 abgeschlossene (sog. Aschaffenburger)
Concordat, durch welches den Capiteln die freie Wahl

zugesichert wird, sich auch auf die livländischen Bisthümer beziehe — was bisher nie bestimmt ausgesprochen worden; oder es sei eine Wiederherstellung
des Zustands im 13. Jahrhundert anzustreben, bei
welchem der Papst dem rigischen Metropolitan die
Wahl, resp. Bestätigung der Bischöfe völlig überlassen habe.

Man beschloß beide Wege gleichzeitig zu erproben,
jenen in Deutschland, diesen in Rom. Sollte auch
das letztere, höhere Ziel erreicht werden, wozu man
indeß kein rechtes Vertrauen hatte, so schien es dabei
immer noch von Werth, sich dort unter den Schutz
eines nicht einseitig durch päpstliche Willkür aufzu-
hebenden Vertrags zu stellen.

Am 7. Juni 1519 wurde den Abgesandten an den
Kaiser, dem dörptschen Domherrn Dr. Wolmar Mey
und dem rigischen Vicar Richard Smit, eine umfassende
Instruction im Namen der Auftraggeber ertheilt.
Man hielt es für angemessen, den Hauptzweck der
Mission nicht als solchen hervortreten zu lassen, ihm
eine gewisse verdeckende Einkleidung zu geben. Hierzu
diente die Bitte, ein kaiserliches Fürschreiben an den
Zaren ausgehen zu lassen, sich der Erneuerung des
Beifriedens mit Livland auf billige Bedingungen hin
nicht zu widersetzen, ferner ein offenes Mandat an die
Seestädte, letzterem eventuell Hilfe zu leisten. Mehr
als etwas Beiläufiges, was Einem nicht entstehen
könnte, sollte die Hauptsache vorgebracht werden.
Zunächst aber war die Ertheilung der Regalien an die
fünf Prälaten zu erbitten und hier hatte man sich in-

sofern auf Schwierigkeiten gefaßt zu machen, als die
Investitur für Riga und Oesel nicht wieder seit Kaiser
Sigismund, die für Dorpat zuletzt unter Friedrich III.
nachgesucht war, die Bischöfe von Kurland und Reval
aber überhaupt noch niemals die Belehnung erhalten
hatten. War dies Rhodus glücklich übersprungen,
dann mußte die feierliche Declaration, daß das
Concordat auch auf die fünf Stifter Anwendung
finde, als einfache Folge der vorausgegangenen
Regalienertheilung unschwer zu erlangen sein.

Mit reichlichen Geldmitteln, die später noch erheblich
vergrößert wurden, auch Geschenken an einflußreiche
Gönner wurden die Boten ausgestaltet. Dem Kaiser
selbst waren 500 Goldgulden und 400 Hermeline zu-
gedacht; als man indeß in Erfahrung brachte, daß
derselbe auf derartige Ergebenheitsbeweise durchaus
kein Gewicht lege, beschloß man, jenes Geld mit zur
Deckung der sich immer höher herausstellenden Reise-
kosten zu verwenden, das Pelzwerk aber dem Erzbischof
von Mainz, bei dem als Erzkanzler die Hauptentscheidung
stand, zu verehren. Die Vertheilung der gemeinsam
zu tragenden Lasten findet wiederholt in der Weise
statt, daß der Erzbischof 30 %, die damals vereinigten
Stifter Dorpat und Reval ebensoviel — und hiervon
möchten auf ersteres mindestens 20 % zu rechnen
sein — Oesel 25 % und Curland 15 % aufbringen.

Ueber den Fortgang der Angelegenheit werden wir
durch viele Briefe der Bischöfe unter einander, sowie
durch mehrere der Gesandten selbst unterrichtet. Im
November 1519 verweilen dieselben in Cöln, im

folgenden Mai in Brügge, wo Kaiser Karl „myt
groter pompa" anlangt, folgen darauf dem Zuge des
Hofes durch Flandern und Brabant nach Brüssel und
erhalten hier vom Kanzler den Bescheid, daß der Herr
ihren Wünschen zwar geneigt sei, da dies indeß
specifisch-kaiserliche Handlungen seien, die Ausführung
bis nach erfolgter Krönung verschoben werden müsse.
Nachdem sie den Feierlichkeiten in Achen beigewohnt,
stellen sie sich wiederum in Cöln am Hoflager ein.
Hier werden ihre Anliegen dem Kaiser vorgetragen
und ihnen das Schreiben an den Zaren sowie die
Ertheilung der Regalien für diejenigen der Prälaten
zugesagt, welche schon früher kaiserliche Belehnungen
erhalten hätten. Für Riga und Dorpat wurden die
Urkunden sofort beigebracht; in Betreff Oesels, für
das die Investitur Sigismunds ja existirte, zeigten
sie sich auffallender Weise ungenügend unterrichtet; für
Kurland und Reval endlich war der erforderliche Nach=
weis natürlich nicht zu führen. Sie suchten hier nach
allerlei Entschuldigungen, doch umsonst — fides nobis
in ea parte data non fuit. Auf dem Reichstag, der
im December 1520 sich zu Worms versammelte,
wurden zunächst die Fürschreiben an den Zaren und
die Wendischen Städte ausgefertigt — ersteres mit dem
nachdrücklichen Zusatz, daß falls ein Angriff auf Livland
erfolge, dasselbe von Kaiser und Reich nicht verlassen
werden würde. In der Frage der Regalien sah die
kaiserliche Gnade über die so lange verabsäumte Nach=
suchung hinweg und entschuldigte Alles mit der Abge=
legenheit Livlands und den schweren Zeitläuften, die

dasselbe zu bestehen gehabt. Am 16. December wurden sie dem Erzbischof und dem Bischof von Dorpat mit allen Clauseln und wünschenswerthen Cautelen feierlich erneuert und auf wiederholtes Ansuchen bald darauf sogar für die drei übrigen Prälaten erlangt, hier freilich, bei dem Mangel aller historischen Anhaltspuncte, ohne gleichzeitige Bestätigung der Privilegien. Am 20. Januar 1521 leistete Wolmar Mey „in die Seele“ der fünf livländischen Prälaten dem kaiserlichen Herrn den Treueid. Diesem Erfolg gegenüber kam es kaum in Betracht, daß man in einigen formellen Nebenfragen nachgeben mußte. Um die erheblichen Kanzleitaxen nicht fünffach zu erlegen, hatte man die Ausfertigung eines gemeinsamen Investiturinstruments gewünscht, ferner die Vergünstigung, nur alle fünfzig oder fünfundzwanzig Jahre um die Wiederbelehnung anhalten zu müssen, nachgesucht. Beides war, als dem Rechte und dem Herkommen der kaiserlichen Kanzlei widerstreitend, abgelehnt worden.

Die Erreichung des Endziels, jener Kundgebung von Kaiser und Reich, war nun nicht mehr zweifelhaft. In nicht genügend verfolgbarer Weise hat sich freilich die Ausfertigung noch einige Zeit hingezogen. Dieselbe ist erst am 22. April 1522 zu Brüssel erfolgt. „Da Livland von Deutschen den Heiden abgewonnen, seine Regenten, Herrn, Edlen, die Obrigkeiten in Städten, Flecken und Schlössern, die Kaufleute an den Handelsplätzen sich deutscher Sprache, Sitte und deutschen Rechts bedienten, auch stets den Kaiser als ihren

7

Oberherrn anerkannt, ferner jene fünf Stifter stets
zur deutschen Nation und ihre Prälaten zu den Fürsten
des heiligen Reichs gezählt worden", heißt es in jener
Erklärung, „so habe das Concordat auch für sie Kraft
und jede Uebertretung desselben werde gleich unnach-
sichtig wie bei den übrigen deutschen Bisthümern ge-
ahndet werden."

Schon etwas früher als hier waren die Verhandlungen mit der Curie angeknüpft worden. Etwa zu
Ende 1518 brach der dorpat-öselsche Domherr Ludolf
Bobbert nach Rom auf und bald laufen die aller-
günstigsten Nachrichten von dort ein. Natürlich unter
Voraussetzung von der Bedeutung der Zugeständnisse
entsprechenden Opfern sei der Papst geneigt, der Bestätigung der von den Capiteln Erwählten ganz zu
entsagen und sie dem rigischen Erzbischof zu überlassen, ferner den Electen den Eintritt in Besitz und
Verwaltung der Güter sofort nach der Wahl einzu-
räumen. Erzbischof Jasper, dessen Metropolitanrechten
hier eine so wesentliche Erweiterung in Aussicht gestellt
ward, begrüßt die Kunde mit leicht verständlicher
Freude. Die Einkünfte eines halben Jahres scheinen
ihm kein zu hoher Preis dafür. Wunderbarer Weise
steigen aber erst jetzt, wo man sich das erstrebte Ziel
in erreichbare Nähe gerückt sah, in den Bischöfen, die
dem Plan ja bisher zugestimmt, berechtigte Bedenken
darüber auf, ob jene Zugeständnisse in der That auch
für sie von so hohem Werthe seien, nicht viel mehr
ausschließlich dem Erzbischof zu Gute kommen würden.
Dies führt zu einem lebhaften und durchaus aufrichtigen

Gedankenaustausch zwischen den Herren von Oesel und
Dorpat und einem sehr reservirten beider mit dem
Erzbischof. Bischof Kievel sieht Blankenfeld gegenüber
die päpstliche Gnade nun als ein Danaergeschenk an,
das ihren Nachfolgern mehr Knechtschaft von Riga als
Freiheit von Rom eintragen werde; die Frage wegen
des sofortigen Eintritts des Electen in den Besitz der
Güter sei mindestens eine gleichgültige, da die bisher
nach geschehener Wahl ernannten Oeconomen dieselben
doch ebenfalls im Namen und zu Gunsten jenes ver-
waltet hätten. Auch sei der päpstliche Verzicht auf
die Bestätigung unerhört und beispiellos; sollte das
Privileg selbst erlangt werden, so würde man es sich
doch sicherlich nicht erhalten können — täglich geschähen
die wunderbarsten Widerrufungen früherer Bullen.
Dazu seien endlich die Kosten zu erwägen: verlange
der Papst auch nur 2000 Ducaten, so wäre im
Ganzen, die Geschenke an die Cardinäle, die Aus-
fertigungen in der Kanzlei, die Mühwaltung der Anwälte eingerechnet, doch gewiß auf 8—10,000 Goldgulden zu rechnen. Der Bischof von Dorpat kann
sich diesen Ausführungen im Großen und Ganzen nur
anschließen. Er findet zugleich, daß die Angelegenheit
weit mehr ihre Capitel, als sie persönlich, die sich bereits im Vollbesitz bischöflicher Rechte befänden, angehe.
In Betreff der erforderlichen Geldmittel macht er noch
schließlich die vielfach erprobte Bemerkung: Eure
Liebden wyssen wol, das man den wagen wol
smeren muse, wan man wol faren wyll.

Den Erzbischof, der die günstige Stimmung in

7*

Rom auszunutzen wünschte und zu höchster Eile in den
Entschließungen antrieb, suchte man nach erfolgter
Sinnesänderung durch allerlei Ausflüchte zu ermüden.
Bald berief man sich auf die mangelnde Zustimmung
des Capitels, das man augenblicklich nicht vollzählig
versammeln könne, bald hielt man eine vorgängige
persönliche Berathung, etwa auf dem nächsten Land=
tage, für erforderlich. Jener äußert gerechtes Er=
staunen, daß jetzt, in der zwölften Stunde, der Aus=
führung des gemeinsam Geplanten Schwierigkeiten in
den Weg gelegt würden. Man erzürne den Allmäch=
tigen, indem man sich undankbar gegen so große
Gaben erzeige, werde von der Welt verlacht werden
und am römischen Hofe über solchen Wankelmuth in
ewige Feindschaft, Haß und Mißachtung gerathen.

Die Bischöfe aber hielten an der so spät ge=
wonnenen richtigeren Einsicht fest und setzten die
Politik des Hinziehens der Verhandlungen fort. Im
September 1519 starb dann der Bevollmächtigte
Bobbert in Rom und das Mandat sollte Reinhold
Buxhövden übertragen werden. Fast unmerklich aber
verrinnt die Angelegenheit im Sande und es unter=
liegt kaum einem Zweifel, daß der fortgesetzte Wider=
stand der Bischöfe ihr dies Ende bereitet habe.

Livland, Große Sammlung Nr. 27ᵇ, Papier=
codex in größtem Folio von 130 paginirten Blättern,
die nicht überall benutzt sind, in Braunlederumschlag
mit Schnalle, im zweiten Viertel des 16. Jahrhunderts
zusammengestellt. S. 21—143: Actenstücke zur öfel=
schen Geschichte, vornämlich aus der Zeit der Streitig=

leiten des B. Reinhold mit dem Markgrafen Wilhelm,
nicht streng chronologisch geordnet, von 1534, 1535,
1531 und 1536. S. 161—177: Urtheile des Manu=
tages zu Hapsal vom Anfang Juli 1539 in Privat=
Güterstreitigkeiten. S. 199—207: Verhandlungen
des Bischofs mit den Hofjunkern von 1539 August 30.
S. 215—225: Oeselsche Schuldbriefe von 1539 und
1540. S. 233—258: Oeselsche Privilegien und
dergl. von 1251 bis zum Ende des 13. Jahrhunderts,
zum Theil nach späteren Transsumten copirt. (Nur
letztere Abtheilung ist bisher vollständig benutzt
worden.)

Livland, Kleine Sammlung Nr. 1$\stackrel{a}{-}$, Papier=
codex in Folio von 271 durchgehend beschriebenen
Blättern in Braunlederumschlag. Enthält Instructionen
und Verhandlungen der livländischen Landtage, Proto=
colle öselscher Manntage und Correspondenzen, neben
Politischem viel Privatsachen — Sämmtliches zwischen
1518 und 1528 liegend. Erst ganz zum Schluß sind
einige Stücke von 1537—1539 angefügt.

Das Material aus dem Registranten Nr. 20$\stackrel{c}{-}$ wird
vielfach aus dem hier bis 1526 Gewonnenen ergänzt.
Hervorzuheben wären daraus namentlich die die
livländischen Landtage vorbereitenden Acten; der Receß
des Prälatentages zu Ronneburg von 1521; Ver=
handlungen mit dem Erzbischof und Meister; Briefe
des letzteren und des Bischofs von Dorpat, die Ver=
mittelung des Streits zwischen dem Bischof von Oesel
und seinen Vasallen betreffend; drei Bestimmungen
von Bischof, Capitel und Rath von Oesel über das

im Manntage einzuhaltende Verfahren von 1518;
mehrere Eidesformeln (der bischöflichen Räthe, des
Stiftsvoigts, der Vasallen); endlich einige ältere Verträge mit dem Voigt von Sonneburg, einer, von 1453
August 29, auf die Ausantwortung entlaufener Bauern,
zwei andere, von 1438 und 1507, auf die Beilegung
von Grenzstreitigkeiten bezüglich.

Livland, Kleine Sammlung Nr. 1ᵇ, Papiercodex in Folio von 317 fast durchgehend benutzten
Blättern in Braunledermschlag. Zu Anfang findet
sich eine Anzahl nicht zum Registranten gehöriger
öselscher Urkunden von 1493, 1518, 1519, 1521,
1528 und 1531 in Abschriften aus der ersten Hälfte
des 16. Jahrhunderts, die jedoch in die jetzige,
moderne Paginirung mithineingezogen sind. Das
Copialbuch selbst beginnt erst auf S. 71 — nach alter
Foliirung Blatt 3, so daß also die beiden ersten
Blätter fehlen — und enthält Correspondenzen, Instructionen u. s. w., hauptsächlich aber Privaturkunden,
aus den Jahren 1520—1533. Zum Schluß folgen
einige Stücke von 1535, 1536 und 1538.

Das Werthvollste von dem bisher Benutzten waren
hier jene losen Urkundenabschriften, die auch im Registranten 1ᵃ, doch in weniger correcter Form, vorliegen.
Sie beziehen sich auf den mehrfach erwähnten, 1518
begonnenen und durch die nächsten Jahre fortgesetzten
Streit Bischof Kievels mit seinen Vasallen, in welchem
es sich hauptsächlich um das von letzteren behauptete
Recht, von den Urtheilen des Bischofs an die livländischen Landtage — und nicht an den Papst — zu

appelliren, ferner um die von ihnen geleugnete Ver-
pflichtung, Lehngüter vor dem Verkauf ihrem Herrn
aufzubieten, handelte.

Livland, Kleine Sammlung Nr. 2, Papiercodex in Folio von 142 beschriebenen Blättern, ohne
Umschlag, nur am Rücken zusammengeheftet. Zu
Anfang liegen wieder mehrere, hier aber bei der Paginirung nicht berücksichtigte öselsche Urkunden von
1539, 1541, 1546—1548 in Originalen, Concepten
und Copien. Der Registrant enthält vermischte
Materialien politischen und privaten Inhalts für die
Jahre 1541—1542, zum Schluß in ungeordneterer
Weise Sachen von 1543—1546, ein Stück von 1537
und den Fellinschen Receß von 1534.

Livland, Kleine Sammlung Nr. 3ᵃ, Papiercodex in Folio von 392 nicht überall benutzten
Blättern, in Braunlederumschlag. Umfaßt die Jahre
1543—1549, dann in weniger ausführlicher Weise
1552 ff. und 1555—1559. Zum guten Theil sind
es Privatsachen, gerichtliche Urtheile, Lehn- und
Schuldbriefe u. s. w.

Livland, Kleine Sammlung Nr. 7, Papiercodex in Folio von 375 beschriebenen Blättern in
Braunlederumschlag mit Schnalle. Betrifft die Zeit
von 1549—1553 und ist vermischten Inhalts.

Livland, Kleine Sammlung Nr. 9, Papiercodex in Folio, unpaginirt, von etwa 130 benutzten
Blättern, in Braunlederumschlag mit Schnalle. Auf
Blatt 1 die Aufschrift „Instructiones und Wer-
bungen". Enthält dem entsprechend ein einheitliches

Material, nämlich Actenstücke, die sich auf den Verkehr des Bischofs Johann Münchhausen theils mit den andern Landesherrn, theils seinem Capitel und seiner Ritterschaft beziehen, aus den Jahren 1548—1552.

Livland, Kleine Sammlung Nr. 10, Papiercodex in Folio, unpaginirt, von etwa 380 benutzten Blättern in Braunlederumschlag mit Schnalle. Bietet die ausgegangene Correspondenz Bischof Münchhausens in öffentlichen und Privatsachen aus den Jahren 1553—1557.

Livland, Kleine Sammlung Nr. 12, Papiercodex in Folio von 177 Blättern, von denen 150 beschrieben, in Braunlederumschlag mit Schnalle. Enthält Actenstücke zur politischen Geschichte wie auch Privatsachen von 1554—1558, und zwar je weiter vorwärts in desto geringerer Anzahl. Ausnahmsweise findet sich S. 154: Vertrag zwischen Johann Uexküll zu Kosch und Reinhold Uexküll zu Felx, d. d. Hapsal, 1543 Juni 10 und noch zwei weitere Stücke von 1541 und 1550.

Vornämlich den drei ersten Bänden dieser Registratur hat Schirren seine „Fünf und zwanzig Urkunden zur Geschichte Livlands im 13. Jahrhundert" entlehnt. Obgleich sie dort durchgängig in gut geschriebenen Copien des 16. Jahrhunderts vorliegen, findet sich in den Abdrücken eine Anzahl von sinnstörenden Fehlern und Lücken. Die Wichtigkeit jener Stücke rechtfertigt wol das Mittheilen der wesentlicheren Emendationen.

Nr. 1, Zeile 5 lies statt tuis praecibus: tuis

justis praecibus; 3. 5—6 fl. per venerabilem
nostrum: per venerabilem fratrem nostrum. Nr. 3,
3. 13 fl. civitatem et oram, quae ad civitatem
pertinent: civitatem et omnia, quae etc. Damit
erledigt sich auch ein von Schirren nach pertinent
gesetztes sic; Seite 3, 3. 16 fl. existimationem:
estimationem. Bei Nr. 6 findet sich bereits in der
Vorlage die vom Herausgeber durch Emendation her-
gestellte Jahreszahl мccxxxiiij. Nr. 7, 3. 1 fl.
Revocatio dictorum: Revocatio actorum. Zu Nr. 8
ist die Jahreszahl nicht мccviij, sondern мccxxxviij.
Nr. 9, S. 8, 3. 9 lies fl. et indulto: et juditio.
Nr. 11ᵃ, 3. 7 fl. nostram protectione: nostra
protectione. Nr. 11ᵇ, 3. 7 fl. protectionem ac
nostram: protectione ac nostra. Nr. 12, 3. 6 fl.
spirituali: speciali; 3. 11 fl. pleniorem: plenam.
Nr 13 das Datum fl. in nonis Februarii: iij nonas
Febr. Nr. 14, S. 12, 3. 5 ff. lies Schirren gemäß
seinem Grundsatz, die Vorlage buchstäblich wiederzu-
geben: in perona ... quam auctore domino Paulo
ante instauravimus etc. und das livländische Urkunden-
Buch, obgleich dieses große und kleine Buchstaben in
heutiger Weise setzt, druckt (VI, Nr. 2731) diesen
Passus so nach. Damit ist denn ein mythischer Herr
Paulus geschaffen, dessen Scheinexistenz wir jedoch ein
Ende machen, indem wir lesen: quam, auctore
Domino, paulo ante instauravimus. Weiter bei
Schirren S. 12, 3. 9 fl. unus sit: unus erit;
3. 18 fl. aliquam: aliquando; S. 13, 3. 2 fl.
quanquam: quandoque; 3. 12 fl. exteri rustici:

ceteri rustici; Z. 13 fl. Et si: Quod si. Nr. 15,
Z. 8 fl. factum est, proinde: factum est pro-
vide; S. 14, Z. 1 fl. discretionem vestram:
discretioni vestra (sic). Nr. 16, Z 12 fl. collo-
cationem: collationem. Nr. 19, S. 19, Z. 3 fl.
vestre in posterum sollicitudine: vestre paterna in
posterum etc. Z. 22 fl. domini Jesu Christi:
domini nostri Jesu etc. Nr. 20, Z. 2 fl. venerabili episcopo: venerabili fratri, episcopo.
Nr. 25, S. 25, Z. 1 fl. dominis et patribus:
dominis et fratribus.

Hiermit war übrigens das, was jene Bände an
älteren Urkunden bieten, auch beinah erschöpft. Sehe
ich von einigen Stücken aus dem Anfange des 15.
Jahrhunderts ab, so finden sich nur noch zwei unbekannte aus dem 13. und eben so viele aus dem 14. Jahrhundert, von denen hier Regesten folgen:

Registrant 20°, Blatt 141ª: Der päpstliche Auditer
Gregerius de Neapoli fällt in dem Proceß der Stadt
Riga gegen den Bischof von Oesel wegen des dritten
Theils der Insel ein letzteren absolvirendes Urtheil;
Anagni, 1260 April 16.

l. c. Blatt 140ᵇ: Papst Alexander IV. bestätigt
obiges Urtheil; Anagni, 1260 April 30.

Registrant 1ª, S. 247: Jacob, Bischof von Oesel,
giebt auf Bitte seines Capitels die Absicht, durch
weitere Ernennungen von Domherren die bisherige
Zwölfzahl zu überschreiten, auf und bestätigt die
Statuten jenes; Hapsal, 1323 April 30. — Lat.

l. c. S. 250: Engelbert, Bischof von Dorpat,

erläutert den von ihm zwischen dem Bischof Jacob
von Oesel und dessen Capitel einer= und dem
Meister und Orden andererseits vermittelten Vergleich
dahin, daß letztere verpflichtet wären, zwei Monate
nach geschehener Aufforderung dem Bischof beim Bau
eines Schlosses behilflich zu sein, ferner gewisse ge-
nossene Früchte zu erstatten; daß die Aecker zu Leal,
mit welchen der Abt Nicolaus und seine Nachfolger
bisher vom Orden belehnt gewesen, nun vom Bischof
zu Lehn gehen sollten; daß letzterer die seinem Diener
Bernhard Sampes (?) angethane Körperverletzung dem
Orden zwar vergäbe, dieser aber den Geschädigten
zufrieden zu stellen habe; daß endlich die Grenzstreitigkeiten zwischen beiden Parteien auf Oesel, Dagö, in
der Wiek u. s. w. durch beiderseits ernannte Schieds-
richter freundlich oder rechtlich ausgetragen werden
sollten; Rameßholm, 1328 die Viti martiris (was
hier wahrscheinlich Schreibfehler für Vitalis = April
28). — Lat.

Die Handschriftensammlungen der Universitätsbibliothek zu Kopenhagen ergaben für meine
Zwecke fast gar keine Ausbeute. Unter den Libri
manuscripti Arnae Magnaei fand sich (Nr. 297
Fol.) ein Recht des Fürstenthums Esthen aus dem
17. Jahrhundert; unter den Rostgaardske Manu-
scripter (Nr. 41 Fol.) das „Memorial Eines Estländischen vom Adel von der Familie Lode“, 11 Blätter
aus dem 18. Jahrhundert, in welchem Gustav v. Lode,
Erbherr auf Pall und Kappell, einen dänischen Gesandten um Nachrichten über seine Familie angeht

und dabei das ihm — und auch uns — hierüber
bereits Bekannte mittheilt.

Der großen Originalurkundensammlung des Arn
Magnusson konnte nur ein Credenz des Zaren Wassili
für seinen Boten Nekras Charlamow an Christian II.,
d. d. Moskau, 1516 August 9, und ein vom B. Johann
von Reval etwaigen Wohlthätern des Heiligen Geists
zu Roskilde ertheilter Ablaß, d. d. Roskilde, 1281
August 28, entnommen werden.

Nebenbei sei hier darauf hingewiesen, wie die
dänische historische Literatur — z. B. Munchs Pave-
lige Nuntiers Regnskabs-og Dagböger etc. 1282-
1334; Erkebiskop Jens Grands Levnetshistorie
von demselben u. s. w. — noch recht viele nicht be-
achtete Nachrichten über die revalschen Bischöfe im
13. und 14. Jahrhundert, namentlich ihre Reisen nach
Dänemark, enthält.

Ziemlich zahlreiche und theilweise höchst werthvolle
Livonica fanden sich dagegen in der Großen
Königl. Bibliothek zu Kopenhagen. Erwähnung
verdienen u. A. aus der Neuen Königl. Sammlung
folgende Manuscripte in Folio: Nr. 125, Das Estnische
Ritter- und Landrecht, Hdschr. von 1680. Nr. 330,
Livono-Curlandica, zwei Bände Actenstücke zur livländischen Geschichte des 17. in Copien aus dem
18. Jahrhundert. Nr. 331, Hiärns Livld. Geschichte,
Hdschr. aus dem 18. Jahrhundert. Nr. 333, Livonica
annorum 1579—1600, Actenstücke zur liv- und curländischen Geschichte dieser Jahre in guten Abschriften
des 18. Jahrhunderts. Nr. 334, Privilegia civitatis

Rigensis, Papiercodex in schwarzem Leder mit Goldschnitt, officielle Sammlung vom Jahre 1686, aus
dem Besitz von Chr. Nettelbla. In Quarto: Nr. 557,
D. Fabricii Compendiosa series etc., Hdsch. vom
Ende des 17. Jahrhunderts. Nr. 559: Est- und livländische Adelsprivilegien von 1215 — 1712, Auszüge von Langebeks Hand. Ferner finden sich unter
dem aus dem Geheimarchiv hierher Abgelieferten,
10. Abtheilung, mehrere Sachen zur livländischen
Geschichte des 17. Jahrhunderts.

Eingehender hatte ich mich mit Nr. 335 der
Neuen Kgl. Sammlung zu beschäftigen, einem
Papiercodex in Folio von etwa 175 Blättern in
Weißlederband, Handschrift vom Ende des 16. Jahrhunderts. Die Bezeichnung „Eine Curländische
Chronicke, worin absonderlich viele Documente von
den Curländischen Bischoffen" rc. ist ihm mit Rücksicht
auf das erste Stück gegeben worden, eine Series
episcoporum Curoniae, die offenbar mit Benutzung
der Inschriften unter den Bischofsbildern im Schloß
zu Pilten abgefaßt, mit dem sagenhaften Ernemordus
anhebt und mit Herzog Magnus schließt. Die über
letzteren gemachte Bemerkung: Hic in templo arcis
Piltenae adhuc inhumatus jacet, giebt einen ge-
naueren Anhalt für die Entstehungszeit des Ganzen.
Dem übrigen Inhalt nach haben wir ein Copialbuch
des Bisthums Curland vor uns und zwar den mehr
ausgewachsenen Zwillingsbruder des in der Brieflade
des Gutes Popen in Curland befindlichen und in
meinem vorletzten Bericht erwähnten. Wenn meine

Erinnerung mich nicht völlig täuscht, begegnen sogar
in beiden dieselben Hände. Das Kopenhagener
Exemplar ist aber das reichhaltigere: sehen wir von
bereits bekannten Stücken ab, so enthält dasselbe noch
47 unbekannte, von denen mir nur 24 aus dem
Popenschen Copialbuch zugänglich waren, während der
Rest von 23 auch diesem fehlt. Sie betreffen die
Streitigkeiten der Bischöfe mit den Comthuren von
Goldingen wegen ihres Territorialbesitzes und der
Jagd- und Fischereigerechtigkeit und sind theils schieds-
richterliche Entscheidungen, theils Correspondenzen aus
den Jahren 1422—1549. Was Correctheit betrifft,
lassen alle Abschriften viel zu wünschen übrig.

Als ein Fund von Bedeutung, der für viel ver-
gebliches Suchen entschädigte, erwies sich endlich
Nr. 698 der Alten Königl. Manuscripten-
sammlung. Es ist ein Papiercodex in Folio von
370 Blättern, in einem Umschlage grüngefärbten
Pergaments, ausgefüllt von Händen aus der zweiten
Hälfte des 16. Jahrhunderts und bezeichnet als „En
stor samling af Acta publica, hvoriblandt en deel
concepter, mest paa Tydsk, angaaende de Liflandske
sager fra 1557 til 1573“. Auf den ersten Blick tritt
uns ein so verwirrendes Durcheinander von Berichten,
Briefen, Urkunden und chronicalischen Aufzeichnungen,
theils in Reinschrift, theils schwer lesbaren Entwürfen
entgegen, daß nicht zu verwundern ist, wie jene Aufschrift den werthvollsten Theil des Codex übersehen hat.

Es stellt sich nun heraus, daß dieser Sammelband

zur livländischen Geschichte der Jahre 1557—1570 von dem damaligen rigischen Stadtsecretaire Johann Schmiedt zusammengetragen und das hier Vereinigte in der Hauptsache von ihm selbst geschrieben ist. Als das Wesentlichste scheide ich zunächst seine eigenen, hochdeutsch verfaßten Aufzeichnungen aus den Jahren 1559—1562, bestehend aus vier Abschnitten, von denen jeder Fragment geblieben ist, aus:

Blatt 80—196: Erster Theil, den Zeitraum vom Januar bis Ende Juli 1559 umfassend.

Blatt 201—219: Zweiter Theil; geht vom 22. Mai bis Ende Septbr. 1560.

Blatt 277—286: Dritter Theil vom 10. Februar bis 3. März 1562.

Schon vorher, Blatt 270—274, findet sich der Vierte Theil, der die Ereignisse nur des 4. und 5. März 1562 behandelt.

Ueber den Verfasser, der sich in seinem Bericht wiederholt als „Johannes Schmiedt Rigensis" zu erkennen giebt, habe ich bisher nur das Allgemeinste ermitteln können. Aus einer Urkunde im Lübecker Stadtarchiv von 1558 ersehe ich, daß er seine Laufbahn als öffentlicher Notar in Riga begonnen hat. Während des Jahres 1559 erscheint er dann wiederholt als Secretaire oder Unterschreiber des rigischen Raths (vergl. Schirren, Quellen Nr. 381, 383, 444 und Bienemann, Briefe und Urkunden Nr. 462 und 466 — welches letztere Stück von ihm herrührt); in seiner eigenen Erzählung endlich in derselben Stellung und als bei verschiedenen Verhandlungen und Missionen des Raths betheiligt.

Die erste Frage, die sich aufdrängt, ist natürlich: Wie verhält sich sein Bericht zu den andern zeitgenössischen, namentlich dem neulich veröffentlichten Renners? Bietet Schmiedt etwas über jene hinaus? Da finden wir denn, daß seine Erzählung sich mit denen der Uebrigen häufig berührt, aber regelmäßig nur an der äußersten Grenze. Er hat seine Aufgabe eng umschrieben, will in der Hauptsache nur Ereignisse schildern, die in Riga oder dessen nächster Umgebung vorfielen oder die Stadt ganz unmittelbar betrafen. Auf diesem Gebiete überragt er dann aber alle andern Berichterstatter an Ausführlichkeit, Genauigkeit und Zuverlässigkeit, ist hier eine Quelle ersten Ranges. Seine Erzählung hat großen Theils den Character eines Tagebuchs: während oder unmittelbar nach den geschilderten Vorgängen entstanden, führt sie durchgehend selbst Erlebtes und selbst Gesehenes vor. Den äußern Ereignissen widmet er im Ganzen weniger Aufmerksamkeit, schon weil das eigentliche Kriegstheater Riga entfernter lag. Als freilich der Feind im Februar 1559 vor der Stadt erscheint und einige Tage in deren Umgegend plündert, schildert er diese Vorgänge auf mehr als 25 Seiten, während Renner sie mit kaum einer halben abfertigt. Von der Bewaffnung und Kampfesweise der Russen liefert er hier ein überaus anschauliches Bild, das er folgendermaßen abschließt: „Wen sie einen schuss ader haw thuen wollen, so erheben sie sich uff den pferden,

machen gross geschrei, aber wenig dahinder. Den
sie zu felde, da es an ein treffen gehen soll, kegenn
die Teutzschen nichts beschaffen, gross gelauth
machen und, als sie leichtfertig und. dartzu geschwinde seindt, das hasen banner uffsetzen und
die Teutzschen hinder sich her machen lauffen
und keine rechtschaffene schlacht lieffern, besondern
nurt uff hinderlistige pracktiken und forteil ihre
kunheit und manschafft setzen." Nur in der
zweiten Abtheilung geht er von seiner gewöhnlichen
Behandlungsweise einigermaßen ab, indem er die allge-
mein-livländischen Kriegsereignisse, die der Belagerung
und dem Fall Fellins vorausgehen und folgen,
vorführt.

Weit mehr Interesse zeigt er für die seiner eigenen
Thätigkeit näher liegenden politischen Verhandlungen, wie
sie damals zwischen der Stadt, den Landesherrn und
Polen gepflogen wurden. Auf diesem Gebiet liegt
entschieden der Hauptgewinn, der sich aus seinem
Werke ziehen läßt. Er schöpft hier aus den unver-
werflichsten Quellen; alle einschlägigen Acten und
Correspondenzen standen ihm zu Gebote, viele wesentliche Stücke haben ihn selbst zum Verfasser. Er fügt
dieselben, und darunter auch mehrere schon bekannte,
theils vollständig seinem Berichte ein, theils liefert er
genaue Auszüge, die sich auch im Wortlaut den Vorlagen eng anschließen. Die in weißrussischem Dialect
geschriebenen Anträge eines Abgesandten des Woje-
woden von Wilna, der Anfang Mai 1559 in Riga
anlangte, um dem Rath die ersten Vorschläge wegen

directer Unterwerfung unter Polen zu machen, hat er sogar im Original seiner Erzählung einverleibt.

Schmiedts Aufzeichnungen sind übrigens nicht unbekannt. In der Rigaschen Stadtbibliothek findet sich ein von Broße angefertigter Auszug, der, wie mir G. Berkholz freundlichst mittheilte, auf eine jetzt zur Alexandrowschen Sammlung der Dorpater Universitätsbibliothek gehörige Handschrift zurückgeht. Letztere wiederum hatte den bekannten Bücherfreund Johann Albrecht von Korff zum einstigen Besitzer. Derselbe, im vorigen Jahrhundert russischer Gesandter in Kopenhagen, hat sie hier offenbar nach dem jetzt zum Vorschein gekommenen Schmiedtschen Autograph anfertigen lassen.

Wegen der Schicksale des Originals sind wir ganz auf Vermuthungen angewiesen. Wahrscheinlich ist es nur, daß dasselbe schon früh — vielleicht mit den Sammlungen des Herzogs Magnus — nach Dänemark gekommen sei. Bei Annahme längeren Verbleibs in Livland wäre nicht wol zu erklären, wie es nie vervielfältigt worden.

Wol theilweise weil, wie ich erfahre, die bisher bekannten Handschriften einen höchst mangelhaften Text bieten hat sich Schmiedts Bericht noch keiner näheren Beachtung zu erfreuen gehabt. In der nun vorliegenden ursprünglichen Form verdient er sie aber entschieden, trotz seines fragmentarischen Characters. Eine Abschrift, die nach Ausscheidung einiger wörtlich eingefügten, aber bereits veröffentlichten Urkunden 188 Seiten umfaßt, befindet sich bereits in meinem Besitz.

Von den übrigen Stücken des Codex, die mit den besprochenen Aufzeichnungen in keinerlei Verbindung gesetzt worden, sind mehrere unbekannt und auch unter den bekannten haben einige großes formelles Interesse. Indem ich vollständige Angaben darüber einer andern Gelegenheit vorbehalte, führe ich hier nur einiges Wesentlichere auf.

Blatt 28—59: Eintfeltiger unnd kurtzer begriff, wes dem hochwirdigenn ... herrenn Hermanno, bischoffenn ... des stiffts Derbt in Lieffland nach abtrettung gemeltes stiffts allenthalbenn bejegnett unnd zugezogenn wordenn, durch Christiann Hillebrandt eilents inn der Muscow vorfassett unnd zusamen gelesenn. Anno a redempto mundo 1559 denn 15 tag Januarii. — Original oder gleichzeitige Copie. In der Alexandrowschen Sammlung zu Dorpat findet sich eine auf Korff zurückgehende Abschrift davon.

Blatt 244—251: (Unausgeführt gebliebener) Entwurf zu einem umfassenden Privilegium Kg. Sigismund Augusts für die Stadt Riga. Lateinisches Concept von Schmiedts Hand.

Blatt 331—335: Cautio Radziviliana secunda (gedr. bei Dogiel V, Nr. 143). Es ist das von Schmiedt verfaßte Originalconcept der lateinischen Ausfertigung!

Blatt 337—310: Ein (unausgeführt gebliebener) Entwurf zu der zweiten Versicherungsschrift Radzivils. Wol nicht Concept, sondern nur stark corrigirte deutsche Uebersetzung von Schmiedt. Von der nachher zu Stande gekommenen Cautio in deutscher Fassung (bei Bienemann Nr. 903) völlig abweichend.

Man sieht leicht ein, wie diese Entwürfe, von denen zwei stets auf dem Papier geblieben, von größerem Werthe, mindestens weit belehrender sind als viele wirklich ausgeführte Urkunden.

Auch bei Erreichung der mir für Kopenhagen gestellten Ziele bin ich von Seiten der Vorstände und Beamten der einzelnen Anstalten vielfach freundlich unterstützt worden: im Geheimarchiv durch die Herren Conferenzrath Dr. Wegener, Secretaire Plesner und Matthiesen, dazu durch Dr. Mollerup, der seine umfassende und eingehende Kenntniß der dortigen Livonica vollständig zu meiner Verfügung stellte; in der Universitätsbibliothek von Seiten der Herren Dr. Birket-Smith und Dr. Fridericia; in der Königl. Bibliothek endlich verschaffte mir die Güte des Herrn Justizrath Dr. Bruun alle denkbaren Erleichterungen und ermöglichte so erst die nähere Beschäftigung mit den Schmiedtschen Aufzeichnungen. Ihnen Allen gebührt dafür aufrichtiger Dank.

Lübeck, im Februar 1877.